直觉训练课

如何凭直觉快速做出决断

（美）琳·A. 罗宾逊◎著
关越◎译

PUT YOUR INTUITION TO WORK

How to Supercharge Your Inner Wisdom to Think Fast and Make Great Decisions

化学工业出版社
·北京·

Put Your Intuition to Work, 1st edition by Lynn A.Robinson
ISBN 978-1-63265-055-9

北京市版权局著作权合同登记号：01-2018-5736

图书在版编目（CIP）数据

直觉训练课：如何凭直觉快速做出决断 /（美）琳·罗宾逊（Lynn A.Robinson）著；关越译. —北京：化学工业出版社，2018.9

书名原文：Put Your Intuition to Work

ISBN 978-7-122-32684-3

Ⅰ. ①直… Ⅱ. ①琳… ②关… Ⅲ. ①决策学 Ⅳ. ①C934

中国版本图书馆CIP数据核字（2018）第159866号

责任编辑：王冬军　张　盼　　　装帧设计：水玉银文化
责任校对：边　涛

出版发行：化学工业出版社（北京市东城区青年湖南街 13 号　邮政编码 100011）
印　　装：三河市双峰印刷装订有限公司
880mm×1230mm　1/32　印张8¾　字数196千字　2018年10月北京第1版第1次印刷

购书咨询：010-64518888
售后服务：010-64518899
网　　址：http://www.cip.com.cn
凡购买本书，如有缺损质量问题，本社销售中心负责调换。

定　　价：39.80元　

人们大多相信，直觉对于获得事业成功和人生幸福至关重要，但却不知道如何利用它。即便是那些能够轻易感应到直觉的人，也不知道自己到底是怎样做到的。幸好有了这本书，它可以训练你如何感应到直觉，并好好地加以利用。希望大家可以好好读这本书，并与身边的人分享。感谢琳。

——玛西亚·雷诺兹（Marcia Reynolds）博士
愿景共建公司总裁，《不适区》（*The Discomfort Zone*）作者

琳的这本新书超棒！你有没有听到过脑袋里有个微弱的声音在和你说话？你可能无法解释，但琳知道！我要把这本书推荐给我所有的客户和朋友，因为如果你可以清楚地听到那个声音，你会有意想不到的收获！

——乔恩·沙勒（Jon Schallert）
沙勒集团总裁

琳·罗宾逊的方向绝对没错。她建议大家挖掘直觉的作用，并以此获取成功，我非常认同。此外，这本书分享的很多案例都使用了罗宾逊的聪明决策法，相信读者也会深受启发，从而释放自己的潜力，收获事业及各方面的成功。这本书既有趣又实用，是一部读者与作者双赢的诚意之作。

——**艾琳·薇乐**（Aline Weiller）
舞文弄墨有限责任公司创始人及首席执行官

当今时代，对那些渴望成功的人来说，倾听自己的直觉可以说是一项必备技能。琳·罗宾逊的这门训练课超级实用，它能帮你明白那些你需要弄明白的事情，并让你比以前更成功。如果你聪明、有野心，那就不要墨守成规，好好利用你的天赋，这本书会成为你成功路上的良伴。

——**塔玛·基辅**（Tama Kieves）
畅销书《灵感势不可当》（*Inspired & Unstoppable*）作者

我本身就是一个凭直觉做事的人，对我来说，罗宾逊女士的这本书不仅写得平实真切，也是一颗定心丸。在书中，罗宾逊女士鼓励大家凭直觉去工作。我认为这本书不仅可以帮助我们找到成功策略或者化变数为机遇，更重要的是它还提供了可行的方法步骤，让我们愿意相信自己。在这个逻辑至上的年代，她的这一倡议可谓一股清流。

——**玛塞尔·索维耶罗**（Marcelle Soviero）
《聪明儿童》（*Brain Child:The Magazine for Thinking Mothers*）杂志社社长

Put Your

目　录

Intuition to

How to Supercharge Your Inner Wisdom to Think Fast and Make Great Decisions

Work

Put Your

Intuition to

How to Supercharge Your Inner Wisdom to Think Fast and Make Great Decisions

Work

Put Your

Intuition to

How to Supercharge Your Inner Wisdom to Think Fast and Make Great Decisions

Work

Put Your Intuition to Work
How to Supercharge Your Inner Wisdom to Think Fast and Make Great Decisions

Put Your

引　言

Intuition to

How to Supercharge Your Inner Wisdom to
Think Fast and Make Great Decisions

Work

答案有时不知从哪里就冒出来了。为了新品营销，你翻阅了大量数据，不断推敲，就是觉得哪里不对劲，但到底哪里不对你也说不出。沮丧失望的你离开书桌前往附近街区散步，呼吸一些新鲜空气。就在这时，一个念头突然闪过脑海，紧接着一个完整的营销方案出现了，你明白这就是你要的方案！但是，它是从哪儿来的呢？

你面临一项重大的人事决定，对与错关系到你企业财务上的成败。人事部门先对候选人进行了调查，没有问题；高层在面试后也都非常喜欢他。这样看来，他的确是最合适的人选，没有一点儿问题吧？但为什么你就是无法拿起电话向他通知录用结果呢？你的直觉告诉你肯定哪里有问题。于是你决定再仔细调查一下，结果发现此人曾经有过法律纠纷，而原因竟是财务管理失职。你感谢老天保佑你没有录用他，但到底是谁一直在给你暗示呢？

你厌倦了现在的工作，觉得它没有丝毫挑战性。你知道是时候做出改变了，于是开始关注招聘信息，研究新领域，接触猎头和前同事。一天早晨，你收到一封电子邮件，请你前去面试，那个岗位前景很好，可以给你带来一个全新的开始，而且正合你的口味。经过几轮面试之后，你终于得到了那份工作，但这时你却犹豫了。你真的要放弃目前稳定的工作去接受新的挑战吗？你的直觉一直在怂恿你去，但家人和同事却一再劝你不要这么做。到底应该听谁的？到底哪个才是正确的决定？

在需要创意、敏捷思维及洞察力的场合，直觉会是一个非常强大的工具。它可以帮你决定是否要孤注一掷。在当今的商业环境中，听凭直觉是一项技能，其重要性远胜往昔。在你被数据、事实和图表压得喘不过气来的时候，你需要直觉；在你身处某个特别新、特别前沿的领域且没有前期数据可供研究的时候，你更需要直觉，因为那时你只能靠你自己和你的直觉。

在商界，用左脑思考的人占了大多数，他们重视事实、数据和分析。这三样东西固然重要，但已不足够。那些日益重要的特质全部来自右脑：创造力、同理心、幸福感、敏捷思考、追求人生意义及个人成就感。

用右脑思考、凭感觉做事，这种看似神秘的能力是不是只有那些特别有天赋的人才懂得、才会用呢？答案是否定的！

我们认为每个人都拥有这种内在智慧，在这本书中有很多技巧、故事和理念，可以通过训练帮助你掌握这种能力。有了这种能力，你可以：

- 即便没有掌握足够的事实也能做出正确的决策。
- 跟着感觉和想法走。
- 找到与直觉沟通最直接的方法。
- 愈加相信直觉能为你带来事业成功。
- 利用直觉来指导你做出人事决策。
- 设想并打造自己想要的生活。
- 创新思维，解决难题。
- 从独特的有利视角审视你的客户和顾客。

十多年前，我写过一本书，叫作《相信你的直觉：如何用直觉的力量帮助你发展事业》（*Trust Your Gut: How the Power of Intuition Can Grow Your Business*）。现在这本书就是以此书为基础写成的。感谢Career Press和迈克尔·派伊（Michael Pye）给了这本书新的生命。新版的书里增加了很多新访谈和新方法，还有很多前沿研究，相信这本书可以为你带来非凡的生活。

Put Your

Intuition

第1章　为什么要相信直觉

to Work

How to Supercharge Your
Inner Wisdom to Think
Fast and Make Great Decisions

> 每个人身体里都住了一位导师，他说话的声音微弱但清晰。面对纷繁琐事，我们的内心也异常嘈杂，所以这个声音经常被淹没。但当我们静下心来，我们就能听到这个常常被我们忽视的声音，而这个声音能指引我们找到正确的方向。
>
> **迪安·奥尼什**（Dean Ornish），
> 医学博士，作家

直觉、本能、预感或者内心的声音，无论你叫它什么，这位导师总能随时给你指引，帮你做出正确的抉择，提醒你不好的事就要发生，做你的人际关系分析师，引领你找到真实的自己。

直觉来的时候有很多迹象。比如当你要做一个糟糕的决定的时候，你会觉得胃里绞得不舒服，或者有时你能听到内心的声音，有时你会觉得脑子里灵光一闪，嘴里不禁冒出“阿哈，原来是这样！”有时直觉还会通过梦境、偶遇或者一系列同步事件给你启示。

过去10年出版的商业类书籍里几乎每一本都会提到直觉。它们鼓动你“相信直觉”或者“跟着直觉走”。话说起来容易，就好像人身上装着一个神奇的直觉开关，按一下就能瞬间召唤直觉，获得它的睿智点拨。

上商业课的时候，是不是教授一讲到“聆听直觉”你就打瞌睡？是不是一听到他说“直觉是重要的决策工具”你就想要逃课？“请问将自己的成功归因于直觉的高管占多大比例？”当试卷上出现这道题时，你知不知道正确答案？[答案：罗杰·杜利（Roger Dooley）发表于2014年6月《福布斯》杂志的文章指出这个比例高达90%。] 可悲的是，大多数人依然对直觉闭口不提。

谁是直觉的信徒

很多商界领袖都谈到过直觉的重要性。

2014年6月的《公司》杂志（*Inc. Magazine*）曾采访星巴克首席执行官霍华德·舒尔茨（Howard Schultz）。在回答“过去6年有何收获”这个问题时，他说：“在面对有争议的决定时，我学会了相信自己的直觉。”

史蒂夫·乔布斯也曾在传记中谈到他的决策哲学。读写网站（*Read Write.com*）2011年的一篇文章曾引用他说过的一句话：“我开始意识到，比起抽象思维和逻辑分析，直觉和觉悟更重要。”

在2011年8月的《奥普拉杂志》（*O Magazine*）中，脱口秀主持人、演员、慈善家奥普拉·温弗瑞（Oprah Winfrey）曾写道：“要获得长久的成功，学会相信直觉、利用直觉至关重要，它能带给你最好的结果。我一直坚定地遵从内心里那个小小的声音。我这一生唯一犯的一次错，就是因为我没有遵从直觉。”

沃伦·本尼斯（Warren Bennis）曾经写过20本畅销书，这些著作的内容涵盖领导力、变革和管理。在温斯顿·布瑞尔（Winston Brill）的一篇文章中曾写道，本尼斯将直觉形容为自己“内心的声音”，并认为倾听这个声音、相信这个声音是他积累的最重要的领导经验之一。

2013年10月，时装设计师唐纳·卡兰（Donna Karan）在《赫芬顿邮报》的一篇文章中表示："人最伟大的天赋之一就是直觉。每个人都有第六感，我们只需要学会利用它、相信它。"

哈佛大学认知和教育学教授霍华德·加德纳（Howard Gardner）认为直觉的飞跃标志着人生的一大突破。他曾在柯克·斯奈德（Kirk Snyder）的《"G"系数》（*The "G" Quotient*）一书中谈道："当你要踏足一个充满未知或者需要大量经验的领域时，你必须依赖直觉，否则你就失去了一大优势。"

维珍集团创始人理查德·布兰森（Richard Branson）曾为每日监察网站（Monitor.co.ug）写过一篇名为《授权的力量》（*The Power of Delegation*）的文章，他说："在有一些新主意出现的时候，我会进行全面的了解，也会征求其他人的经验和想法。但很多情况下，我会遵从自己的直觉，我们不能完全凭借数字和报告就做决定。当你决定把一个项目推进下去的时候，至少你自己要相信这个项目是值得推进的，这很重要。直觉会告诉我们什么对我们来说是最好的，所以一定要遵从直觉。"

直觉是什么，为什么它如此重要

直觉是一种冥冥的感觉，如果加以培养的话，它可以帮我们提高销售业绩，做出正确的投资决定，发明出有创意的东西，招聘到合适的员工，占据谈判的有利位置，获得更大的收益，准确地预测未来的商业趋势。

直觉是一项技能，人人都有。

大量的调查显示，不同领域的决策者们都曾依靠直觉做出过成功的决策和选择。直觉是与生俱来的，只是有些人可能更容易感应并运用它。它和其他技能一样，只要多加练习，便可以熟能生巧。

直觉到底是种怎样的天赋？我们应该如何定义它？以下是一些常见的描述：

- 快速打开洞察力的工具。
- 一种天生的心智能力。
- 一种本能的感觉。
- 第六感。
- 一种内在的认知。
- 一种冥冥的感觉。
- 一种预感。
- 一种来源不凡的智慧。
- 内心中一个坚定而又平静的声音。

直觉来自哪里

关于直觉的源头，目前主要有两种公认的说法：

先验知识积累的结果：逻辑思考、经验以及潜意识都会被储存在大脑中，在我们需要的时候，这些东西就会一起被唤醒；

冥冥中的某种力量：它会在需要的时候赐予我们非凡的智慧，引导我们一步一步走向成功，就像"灵魂的指南针"。

如果你的直觉来自第一种源头，那么，首先你会察觉到某种迹象或苗头，然后你就知道接下来应该怎么做。以消防员为例，他会先察觉到有着火的迹象，然后才会下令疏散建筑物里的人。在做出这一决定后，他也许还会发现火苗异常，而且空气中有某种气味，建筑物里有异响，这些迹象基本可以让他断定马上就会有爆炸发生。

这名消防员做出了正确的判断，否则居民和他的同事们不可能成功逃出，结果只能是命丧火海。短短数秒，他的大脑在分析了大量信息后做出了正确的判断，这一切都源于他多年的经验。但在其他人看来，这也许仅仅是他的直觉。

在一次关键岗位的面试中，经理淘汰了一名应聘者，后来公司才发现这名应聘者的简历中有不实之处。大家问经理怎么知道她有问题，经理表示仅仅是感觉。但细想起来，经理发现他做出这样的决定是有原因的：应聘者在回答一些关键问题时，没有与他保持眼神交流；在回答有关上一份工作的问题时，她总会不自在地晃动身体；而在回答一些敏感问题时，她又过于积极。

消防员与经理的例子印证了直觉的第一种源头，即一种模式识别，但还有不少人认为直觉是一种内在的精神引导。马克·费希尔（Mark Fisher）曾在其《瞬间变身百万富翁》（*The Instant Millionaire*）一书中写道："我们大脑深处有一个沉睡着的微小声音，我们应该更多地倾听它，让它能够自由地发声。多多练习的话，它会变得越来越强大，也就会给你更确定的指引。它就是你的直觉，你灵魂的声音，一条通往你自身神秘力量的道路。"

简富公司（Simple Abundance，Inc.）总裁兼首席执行官、畅销书作家莎拉·班·布雷斯纳克（Sarah Ban Breathnach）在其《简单富足》（*The Simple Abundance Companion*）一书中是这样形容直觉的："直觉是一种潜意识的感觉，它与生俱来，帮助我们轻松驾驭繁复的生活。"

凯蒂·威尔斯（Katy Wells）是我的一位客户，她表示在正式做室内装潢工作之前就曾得到过“精神暗示”（直觉）：

丈夫去世后，我曾祈祷上天指引我找到合适的事业。我内心的一个声音不断地怂恿我“创业”，我还经常梦到自己为别人装饰房子。后来又发生了一系列看似偶然的事，但却总把我往这个方向上引。最后，我找到一个理想的门面做自己的办公室，并且签下了两位客户，而这一切只用了一周的时间。从那时到现在已经7年了，我的事业蒸蒸日上。

所以到底什么是直觉？是基于已有经验和认知形成的能被快速提取的知识，还是一种精神指引？两种说法虽有差异，但都已经得到广泛认可。所以，无论你相信哪种观点，你都是对的。下面我们将对这两种说法做进一步探讨。

利用并开发自身直觉，你也可以学会

所有人都接收过直觉发出的信息。和所有技能一样，感应直觉也是一个熟能生巧的过程，而且随着进一步的训练开发，我们会越来越依赖它，越来越容易感应到它。到那时，你只需和它简单交流一下，比如自问一句“我的直觉是什么”，就能知道答案。你也会意识到直觉已帮你规避了错误的决定，引导你走向成功。

这种练习还能帮你打开思路，直觉性的洞见呈现为一种信息流，你会发现一串答案忽然自己就冒出来了，而且都是非常有创意的解决方案，高收益、领导力和沟通力的问题也都迎刃而解，前景一片光明。这还有一大好处：你再也不用一天天地把自己埋进分析和调研里了。

直觉就是这么有用，所以抓紧训练开发吧，这就是你现在可以做出的最棒的决策之一。

最近，一个在银行当主管的客户告诉我："我真的用直觉得出了正确的答案，然后我又用逻辑思考和调研对它进行了验证。"

回想一下刚刚过去的一周，你有没有预感到过某件事？你是怎么做到的？是灵光一闪，还是某种第六感？又或是你做的一个梦，还是听到了内心的某个声音？

你是遵从了直觉，还是把它撇在了一边？

经过验证，你的直觉对吗？

当你试着去关注自己获得直觉的多种方式时，你会有更多的机会感受到直觉，而且你的感觉会越来越准。

你是一个相信直觉的人吗

也许你已经是一个相信直觉的人了，只是还没意识到自己的这项技能和天赋。下面的小测试里有很多描述，用"是"或"否"进行回答，看看你到底是不是相信直觉。

____我经常凭直觉做事，而且我的直觉总是很准。

____在做决定之前，我会关注自己的感觉。

____很多决定明明"很对"或者"很合理"，但我就是不同意，因为我就是"知道"它不对。

____每当冒出一个好想法，我都会去做。

____我经常会忽然想出一个非常有创意的点子。

____遇到陌生人或身处陌生的场合，我会关注自己的第一印象。

____直觉帮助我解决了工作和个人生活中遇到的很多问题。

____做决定前，我会想一想这个决定与我的直觉是否冲突。

____在看清下一步之前，我会不断向自己的直觉发问。

____我在梦中得到的启发曾帮我解决一个难题。

____直觉让我能够更好地洞察别人的行为，从而更快地解决难题。

评分标准

回答为“是”的表述为10个或超过10个：

恭喜你，你的“直觉感”（Intuition Quotient，IQ）非常高！希望你能更多、更有意识地去利用直觉，你会得到更好的结果。

回答为“是”的表述为6～10个：

注意总结自己是通过何种方式感应到直觉的，期待“直觉感”的飙升吧！

回答为“是”的表述不多于3个：

快跳出自己的思维定式吧！人生不止有逻辑和理性。先找一些风险较小的场合尝试跟着直觉走，锻炼一下自己的“直觉感”，很快你就会发现自己洞察能力的提升。

在这本书中，我会从商业角度给大家介绍一些直觉方面的工具和信息，分享一些成功案例。我相信，如果你能坚持读完这本书，学习这门“课程”，并加以适当的练习，你会把直觉变成自己的老朋友——一个你可以依赖并获得积极建议与指导的老朋友。

直觉训练小贴士

回想一下，自己有没有曾经预感到过某件事，但又无法解释这种感觉从何而来？那时候你是选择忽略这种感觉，还是重视它，并跟随它去做呢？从现在开始，留意自己是如何获得这种感觉的。这世上没有哪条路是唯一正确的——适合自己的才是最好的。

Put Your Intuition to Work

第2章　与直觉沟通的方法

How to Supercharge Your Inner Wisdom to Think Fast and Make Great Decisions

我认为直觉是可以告诉我们下一步该怎么做的。日常生活喧嚣繁复，我们需要静下心来向内聆听到底应该何时行动、如何行动。试着去倾听内心的声音，不要迟疑。

凯瑟琳・肯尼迪（Kathleen Kennedy），
美国制片人，卢卡斯影业有限公司（Lucasfilm Ltd.）总裁

优化国际（Optimize International）的首席执行官、《终极销售革命》（*The Ultimate Sales Revolution*）的作者史蒂夫•利珊斯基（Steve Lishansky）就曾经靠直觉的帮助签下了他第一位重要的公司客户。史蒂夫之前从没有与中型和大型公司合作过，这位客户是他的朋友琳达介绍给他的。该公司是一家财富500强的公司，主要提供金融服务，公司的联系人名叫托尼，是一名信息技术经理。

当时的史蒂夫对信息技术和金融服务领域一无所知。这是一个令他生畏的项目，但史蒂夫明白，如果他想抓住这个机会，他就该立刻打电话约对方见面。

在两人简单的握手寒暄后，托尼说："史蒂夫，我知道和你花时间聊一聊我们的项目是值得的。请问贵公司是做什么的？"

听到这话，直觉告诉史蒂夫这次对话最好直奔主题，于是他没有丝毫犹豫便说："简单说来，我们主要是帮助公司提高业绩，当然我们的业务很多，我就不一一赘述了。您不如直接告诉我，您的项目遇到了哪些问题，看我能不能为您分忧。"

听到这话，托尼挑了下眉，开始说公司的组织问题。随着两人交流的进行，史蒂夫发觉自己的脑海里出现了很多问题，他很惊讶，但也不是特别吃惊。毕竟，他一直以来都非常"相信"直觉。凭着这份相信，他开始问托尼这些问题。

托尼在回答这些问题时也变得兴奋起来，他惊叹道："我从来没这么想过这些问题！"于是，史蒂夫问了更多的问题，托尼也都一一回答。会面结束的时候，托尼告诉史蒂夫，他们之前找过的一家咨询公司在4个月的时间里都没有找到症结所在，大家都要绝望了。托尼说："但今天我们只谈了一个小时，你就找到了我们的问题。不仅如此，我相信你的方案肯定能帮到我们。"

最后，托尼把史蒂夫引荐给了他的上司——公司的首席信息官。他的上司对史蒂夫印象也很好。史蒂夫就这样在直觉的帮助下，签下了自己与财富500强公司的第一份合同，拿下了最终价值超过100万美元的订单。

史蒂夫是这样形容那天与托尼的会面的："我们的整个谈话非常轻松。那些有洞察力的问题就那样浮现在我的脑海里，在托尼回答完那些问题后，他自己对那些问题也有了越来越清楚的认识。会面结束时，他认为'如果我的人都能按照你刚才说的去做的话，公司就不会再有任何问题了'，这是非常好的评价。那一刻，我就知道这次会面非常成功。最终，我为他们公司创造了激动人心、富有价值的成果。而托尼成了我的朋友，他们公司则成了我们公司最好的客户之一。”

为什么要关注直觉

史蒂夫在自己商业生涯的关键时刻选择遵从直觉。他不仅听到了自己内心的声音，而且选择遵从这个声音，所以他签下了这份重要合同。当然，倾听直觉并不总是能这么直接地为你带来成功。但大多数情况下，你还是应该学着去感应和遵从它，比如以下情况：

- 数据不足。
- 需要迅速做出决定。
- 信息过多。
- 已知数据相互矛盾。
- 已知数据似乎支持多种不同的观点。
- 自身或团队观点不清晰。
- 感觉自己已经处于思考“瓶颈”。
- 需要有创意的方案。

如何获得直觉

获取直觉的方式没有对错之分，也许你已经找到了自己的方式。下面是几种常见的感应直觉的方法。

身体感觉

这包括胃痉挛、潮热、打寒颤、颈肩发紧、身体感到轻松或是发沉。

例如，爱德华是我的一位客户，他曾在做一个重要商业决定时以这种方式感应到直觉。当时他的公司决定拓展经营，打算在美国选择4个关键城市建立分部。公司投入大量资金，花了很长时间进行了大量调研和分析，最后选择了4个最有商业潜力的城市。但每次与同事谈起在其中一个城市拓展物流业务的细节时，他总觉得胃不舒服，而谈起其他3个城市时则完全没有这种情况。虽然调研分析结果显示这个城市没有一点儿问题，但爱德华还是决定遵从自己身体的反应，否决了那个城市。几个月后，他得知那个城市经历了一场龙卷风，几乎被摧毁。不用多说，爱德华非常庆幸自己遵从了直觉。

情绪

直觉还经常通过情绪传递给我们。觉得轻松、激动、迫切或是兴奋通常预示着你做了对的决定。反之，如果做了错误的决定，你会感到心情沉重、压抑、难过、无力、烦躁、精疲力尽。

例如，最近你被生活压得喘不过气来，决定重新审视一下自己的生活方式，为自己减减负。你把最近的活动列了张清单，当你看着这些活动的时候，哪些让你感到心力交瘁，哪些又让你感到兴奋？这就是直觉在起作用！远离或舍弃那些消耗你的活动，留下那些让你充满活力的。

听觉

很多人都说曾听到“内心的一个坚定而又平静的声音”，这与我们平日也经常听到的内心窃窃私语的声音不一样，很多人都表示这个声音没有偏见，抑或富于同情，不带任何立场但却能抚慰自己。

例如，我的直觉咨询业务之所以能起步，其实也是拜这种直觉所赐。有一天，我去参加一个活动，我听到内心一个声音说："坐到那边去。"我注意到房间里的一个空座，旁边是一位我不认识的女士。我是一个会听从内心声音的人，所以我走了过去，坐在她旁边。我还是直接告诉你们结果吧，这位女士是《波士顿环球报》的记者，她觉得我做的直觉咨询非常新颖，于是专门写了一篇报道。这篇报道发表后，有300多人打电话来咨询。我就这样开启了事业的新篇章。

画面

有句老话叫"百闻不如一见"，这句话也适用于直觉，因为它有时会以画面的形式呈现在你的眼前。

例如，凯伦是我的客户，她有一条自己的护肤品生产线正在寻觅风险投资。为此，她举办了一场投资说明会，向与会投资人陈述了她的商业方案。结果很好，有两个集团看起来很感兴趣，也给出了同等诱人的投资方案。凯伦把两个方案的利弊研究了一番，但越研究越不知道该如何选择。

我让她闭上眼睛，深呼吸，放轻松，然后在头脑里构思一下这两个方案，看能不能得到直觉的启发。没多久，她睁开眼睛，笑了。她看到其中一位投资人举着一个大牌子，上面写着"听我的！"，她明白，这意味着也许这位投资人不太容易合作，只会一味让自己按照他的方式去做。通过这幅画面，凯伦认为这位投资人协作意识不佳，而对于合作双方来说，协作意识是最重要的。后来，凯伦找到这位投资人的其他合作伙伴，果然印证了自己的直觉。

顿悟

顿悟也可以叫"啊哈"恍然大悟的一瞬间，或者脑子里突然灵光一闪，或者“我知道了”。很多人都曾不止一次经历过这种时刻，却纳闷这种认知是从哪里来的。顿悟经常在最不经意的时候出现——比如洗澡、洗碗、遛狗的时候，任何时候都有可能。

例如，托马斯·爱迪生是截至目前全世界最多产的发明大师，他也是直觉的坚定信徒。成年之后，他平均每两周就能注册一项新专利。爱迪生经常随身携带一个200页的笔记本，用来记录脑子里一闪而过的灵感。据一位传记作者描述，爱迪生经常在和朋友交谈或吃饭时获得发明灵感，“也许是他看到了某样东西，也许是他们谈论的话题，也许是突然涌入他脑海的某段记忆，总之，他总是能突然意识到某种科技创新的可能。”爱迪生去世的时候，他已经写满了3400个这样的笔记本。

梦境

梦境可以给我们非常多的指导和启发，学会利用梦境非常重要。画家梵高曾说：“我梦见我的画，然后我画出我的梦。”独到的解决办法、复杂问题的答案、生财之道还有发明创造——这些都可能在你熟睡时得到，很多人都曾有过类似经历。

例如，在遇到那名《波士顿环球报》的女记者时，我还是一家软件公司的运营经理。也许对你们来说，几乎在一夜之间就有300多名客户找上门来简直就是梦想成真，但我却倍感焦虑。当时我的工作非常“稳定”，薪水一周一领，福利也不错，我真的要放弃这份工作去创业做全职咨询师吗？我非常害怕，睡觉前一直在想：“我能不能同时做两份工作呢？”第二天早晨醒来的时候，我被自己的梦逗笑了。我梦见自己脚踏两只船飘在湖上，这两只船还往相反的方向走。我认为这个梦很清楚地告诉我，不辞掉现在的工作，我就无法专心投入到咨询事业中。于是当天我就毅然决然地递交了辞呈。

真实数据和直觉，我们应该用哪个

答案是两者都用！2015年2月的财富网站上曾刊登过罗莎·哈里斯（Rosa Harris）的一篇名为“人类专属：商业决策中的情感逻辑”（Only Human:The Emotional Logic of Business Decisions）的文章，里面有这样一句话：“数据已成为公司管理层重要的工具之一，他们对数据的分析也愈加深入。这对整个商业决策过程意味着什么？是否意味着管理层在做出重大决策时更加依赖数字呢？毫无疑问，答案是肯定的，但即便我们拥有的信息库再庞大，在我们要做出重大商业决策时，直觉还是会走在理性前面。”这一重大发现来自财富知识集团（FORTUNE Knowledge Group）与国际广告公司伽罗（Gyro）联合做的一份调查研究：

2014年6月，伽罗网站对720名高层管理人员（88%为总监或以上级别）进行了问卷调查，主要研究情感和其他主观因素对商业决策的影响。研究结果显示，管理层在做重大决策时，越来越依赖情绪和直觉。受访者强烈地表示，在当今这个信息爆炸的时代，海量信息唾手可得，这反而成了一种负担，所以他们越来越重视一些“软”因素，比如合作伙伴的企业文化以及声誉。

人们在面临工作和个人生活的抉择时都曾经历过直觉光顾的时刻。无论它是以什么方式来到你这里的，你都要重视它。也许当时你正在考虑是否要和那位新客户签订合约，所有迹象都表明这绝对是一笔成功的交易，但“不祥”的预感却挥之不去。你可能觉得这种感觉毫无逻辑可言，所以选择忽略它。但签订合同开始合作之后，你却发现自己的直觉是正确的。早知今日，何必当初呢？

我们可以随时随地利用直觉，解决各种各样的决策难题。这项技能正变得越来越重要。虽然现在还无法解释直觉从何而来，但通过开发，我们是可以刺激直觉产生的。这样做还能激发出你的内在智慧，让你实现迅捷思考，做出正确决定。

如果你是运用直觉的新手，那一定要把这本书读完！本书会为你提供很多入门知识。如果这么多年你一直选择倾听直觉，已经是个直觉老手的话，我也希望你能从书中学到一些新的技巧、理念和步骤，从而进一步深化自己与直觉的交流，从中源源不断地得到启发。

直觉训练小贴士

直觉主要通过情绪、画面、梦境、灵光闪现、内心声音及身体感觉的形式为你传达信息。从现在开始，注意自己是以哪种方式与直觉沟通的。久而久之，你会发现自己获得直觉越来越快，准确性也会有所提高。

直觉训练技巧1：灵光一刻

> 直觉是万事之钥匙，无论是绘画、电影制作或是经商。我认为一个人如果智商很高，又能练就敏锐的直觉，即情感与智慧相结合，那真知就一定会浮现。
>
> **大卫·林奇**（David Lynch），导演

人们最开始尝试相信直觉时都会受挫：哪儿有什么灵感和答案，什么都没有。但如果你坚持下去：啊，好像有点想法了！再坚持一下：啊哈，有了！就这样，一个之前从没想到过的想法在脑袋里冒出来了，而且这经常就发生在你放空发呆、毫无准备的情况下！

怎样才能把直觉请到自己的脑袋里呢？首先要明确自己要的是什么，然后以开放的心态去接受直觉的引导。

第一步：你想要的是什么

下面都是一些靠创意取胜的情况，看哪些是你会遇到的：

•年会选题

•直邮广告方案

•广告宣传方案

- 接洽收购委员会
- 冬季产品大会促销策略

第二步：放空自己

找个喜欢的方式放空自己，任由思维天马行空。打毛衣、做填字游戏、做菜或者玩乐器都可以。给自己放个假，暂时不去考虑任何问题，让自己完全享受其中。当然，灵感不一定会在这段时间冒出来，但它也许会在哪一天的某一个最不经意的时刻出现。

第三步：倾听

直觉是一种独特的感觉。还记得V-8果汁的广告吗？演员脑袋旁边突然冒出一个对话泡泡，里面写着“来一杯V-8就好了！”。灵光闪现就是这种感觉，你看到灵感或创意就这么突然“冒出来”了。这些想法不是你用力逼自己就能想出来的，你只需营造一个允许它们出现的环境，好的想法会自己找上门来。

Put Your

Intuition

第3章　发掘埋没的智慧

to Work

How to Supercharge Your
Inner Wisdom to Think
Fast and Make Great Decisions

> 直觉也是一种经算法处理得出来的数据，只不过它的处理器是终极黑箱——人脑，没有一个人可以对此申报知识产权（至少现在是这样）。
>
> **乔舒亚·雷诺兹**（Joshua Reynolds），
> 营销地带（Marketing Land）专栏作家

莎伦是一家国家技术公司的首席运营官，目前公司正处于快速发展期，她表示：

我一直以来都非常依赖直觉。像高科技这样的行业，节奏非常快，我真不知道那些不相信直觉的人是怎么在这种行业里生存下来的。很多时候，我没有足够的事实依据，还要在短时间内做出正确的决定。我也奢望每次做重要决策时，自己能有好几天甚至好几周的时间考虑，但这根本不可能。

我感觉我的直觉主要有两个源头。

第一种源头是我在这个领域所积累的知识。每次需要迅速做出决策时，我就会把这些潜意识里的知识挖掘出来，它们能够帮助我迅速、准确地对数据进行筛选。

我的做法是平时尽量多收集数据，花一些时间阅读数据、泡在数据里面。数据在很多时候是互相矛盾的，比如研发部提供的数据显示这样做是正确的，但销售部提供的数据则指出另一种做法才是对的。我一般会照单全收，然后闭上眼睛问自己："如果接下来我这么做，项目会成功吗？"或者问："这个方向对不对？"然后我把决定权交给自己的感觉，很快我就会接收到一些信息，我也不明白它们是从哪儿来的，但我就是"知道"。如果我感觉这个答案是正确的，我会随之感到豁然开朗、如释重负；反之，我会觉得紧张压抑，有时我甚至能听到电视节目里答错题的那种背景声音！

第二种源头是冥冥中的指引。我不信教，但有自己坚定的精神信仰体系。这种形式的直觉经常在我与人打交道时出现，比如和我的同事、客户、朋友或者家人。

现在，我开始越来越多地接受这样的指引。最近，我和我团队的一名成员发生了争执。当时双方各执己见，都坚信自己的观点是正确的。我承认，我辩论经验丰富，而且好胜心极强，但这并不能提高商业交流所带来的益处。

就在争论中，我听到有一个声音劝我："莎伦，先把这事放一放，明天再谈。"但理智却告诉我不能放弃！好在我已经学会应对这些相左的声音。于是按照直觉的指引，我提议明天上午再继续今天的讨论。第二天，我一睁开眼就意识到：该死，同事的想法其实很有道理，而且很可能是正确的。那天上午我们如约继续讨论，很快便友好地解决了问题。我发现每次相信这个声音并照着去做时，事情总能办得更好！

有意思的一点是，这些话语虽然很短，但信息量很大。我经常与我公司的创始人见面，他是个要求很苛刻的人，总是希望能在短时间内得到答案、看到成果。幸运的是，他现在也已经学会尊重我的直觉。

几周前，我俩开会商量某产品的营销方案，他一直坚持我们要改变现有方案。这时，那个声音告诉我："再等等。"于是我告诉他我想再研究一下，两周内给他答复。

就在那天，我的一个竞争对手做出了一个类似的产品，但却出现了各种问题，只能暂时从市场召回。相较之下，我们现有的产品脱颖而出，并且得到了正面的宣传，事实证明这份营销方案并不需要重新定位。内心的声音指引我完成了各种各样的决策。

和莎伦一样，我们也都经历过逻辑思维和直觉冲突的时候。一些商界老手承认他们也曾因不相信直觉而做出错误的决策。每次提起，他们都用"当初就该如何如何"形容现在的懊悔。如果当初就相信自己的直觉，结果肯定比现在的要好。

好决定/坏决定小测试

下面这个小测试可以帮助你判断你要做的决定是否是最正确的。首先在笔记本上用简单几句话写下你要做的决定。根据测试目的，你只有A和B两个选择。

假设自己要做的决定符合选项A，闭上眼睛，依次问自己下列问题，完成后按同样的步骤试一下选项B。

你觉得这个选择怎么样？

A．积极，觉得充满了热情。

B．消极，觉得很压抑。

在思考这个决定时，身上有什么感觉？

A．觉得很轻松、开阔、自如。

B．一想到要做这个决定，就觉得胃和肩膀发紧。

在思考这个决定时，你看到了什么画面？

A．这个决定会有一个象征物，然后象征物旁边有一些积极的图象。

B．我看到这个决定上打了个“×”，或者看到了其他消极的图象。

当然，以上仅举了几个例子，直觉也有可能通过其他方式帮助你判断决定的好坏。直觉开发的训练内容之一就是熟悉与直觉沟通的方式，你可以有特定的属于自己的方式。

其实这个过程和学外语类似。起初，你觉得很陌生，但随着不断的练习，你能够注意到一些微妙的变化，总结出一些特点，直至最后能识别出直觉发送的信息。

我们还有其他方法帮助你判定所做的决定是否正确。快速完成下面这个小测试，看看你的直觉感有没有提升。

一分钟直觉清单

首先找一个你目前正面临的问题或挑战，在日记本或者电脑上用几段话对它进行描述。

然后思考可能的应对方法，并总结为一句话：“我的决定是______________。”

记住这个决定，用“是”或“否”回答下面清单上的问题：

______________这个决定让你感到兴奋、充满活力吗？

______________你能坦然接受为此做出的改变吗？

______________明明还有其他选择，你却选了这一个，你觉得自己这么做对吗？

______________现在是执行这个决定的正确时间吗？

______________你的直觉感觉这个决定对吗？

______________你觉得你能成功实施这个决定吗？

______________闭上眼睛，把这个决定想象成一个画面，它是积极的还是消极的？

一分钟直觉清单分析

答案全部为“是”：直觉给你的信息很明确了，赶快行动吧！

一个答案为“否”：试着对这个决定做一些调整，看会不会影响答案。

两个答案为“否”：也许你的决定跨度有些大，导致自己并不是很自信，是否可以先从小处着手做起？

三个答案为“否”：时间对决策也非常重要。如果你没有从直觉那里得到肯定的答复，那也许现在还不适合做出改变。

四个答案为“否”：我们面对变化时多少都会有些不安。在对现有决定进行一些调整之后，你的不安感是否会减轻呢？

五个或超过五个答案为“否”：立刻停下！你的直觉告诉你这绝对不是一个正确的决定。

直觉有时毫无理由

人们在运用直觉时总会有所怀疑，毕竟大部分情况下自己也不知道直觉为什么会给出这样或那样的导向，是否正确也只有事后才知道。我的客户杰克曾跟我分享过这样一件事。在加州房地产市场蓬勃发展的时候，他正计划在那里购置自己的第二套房子。他想趁着自己还能买得起的时候，买一套自己和妻子都满意的房子。于是他找到一家地产中介，最终确定了一所非常完美的房子。这个房子所在的小区很理想，而且距离沙滩就一小段路，他们的一些好朋友也住得比较近。

一切都非常完美，但杰克却一直迟疑，无法下定决心签合同。他说：

我不是个拖拉的人，实际上我认为自己还是很果断的。并且相关数字我也都看过了，没有问题，只要我签字就可以了。

在这件事上，我还和妻子发生了点儿不愉快。但我就是觉得不能签字，你让我说为什么，我也不知道！这种感觉简直要把我逼疯了，好在没过多久，中介就打来电话说，房东已经把房子卖给别人了，当时的我觉得如释重负。

几个月后，杰克在新闻中看到那所房子所在的小区发生了火灾，大火几乎吞噬了整个小区。当时风很大，好多豪宅都被烧毁了。摄像画面扫到一处眼熟的地方，消防队员正努力喷水灭火。杰克说：

刹那间，我意识到这所房子就是我相中的那个，所有的事情都能说通了。虽然我对房子后来的买主感到遗憾，但如果当初我没有相信自己的感觉，现在遭遇火灾的就是我们了。我特别感谢自己相信了直觉。

杰克几乎是单纯凭直觉做出了这个决定。但很多时候，一个成功的决定不仅需要直觉，还需要理性分析，这两者有时很难区分！下面我会多列举一些需要考虑的因素，帮助你做出决定。

不要忽视自己的直觉感受，把它和批判思维结合起来。注意身体有没有给你什么线索，肩部发紧、手发冷或者头疼，这些都有可能是“不对劲”的信号。

做决定时，注意观察相关人的非语言性暗示，比如肢体语言、面部表情，这些都能让你有意外的收获。

你要慎重对待完全凭感觉或情绪做出的决定。这本书中，很多受访人士都表示他们曾有过“直觉启发”或创意，但也还是要在进一步的调研或讨论的验证后才会安心。苹果公司首席执行官蒂姆·库克曾在奥本大学2010届毕业演讲中说：“面对人生重要抉择时，请相信你的直觉，然后利用你拥有的所有资源去证明它是对的。”

人在做决定时很难不被感情或情绪所左右。下一章会讲到自我对话的意义以及自我对话与直觉引导的关系。

直觉训练小贴士

开发直觉和学外语很像。起初，你觉得很陌生，但随着不断的练习，你能够注意到一些微妙的变化，总结出一些特点，直至最后能识别出直觉发送的信息。

Put Your

Intuition

第4章　以开放的态度接受新观点

to Work

How to Supercharge Your
Inner Wisdom to Think
Fast and Make Great Decisions

> 我们的意识思维一次只能承载一个想法，不论这个想法是积极的，还是消极的。如果你有意识地去选择那个积极的想法，你的思维和情绪也会是积极的。而行为取决于想法和情绪，如此一来，你就有望成为积极的人，也就能更快地达成既定目标。
>
> **布莱恩·特雷西**（Brian Tracy），
> 作家，演说家

年初，约翰从广告公司离职，成立了自己的平面设计公司，当时的他对未来充满希望。可是，某天清晨，他坐在桌前，竟莫名地感到一阵失落。头痛就在此刻袭来，电话已经半天没有响一声。此时，约翰的脑袋里装满了悲观的想法，我们来听一听：

- 为什么所有的新业务企划都进展得不顺利？
- 我是不是不该进入这一行？
- 苏的新工作那么顺利，怎么我的就不行？
- 是不是我进入这一行的时间不对？
- 为什么我和承包商的问题没完没了？
- 我还能赚到钱吗？

• 也许我就不适合创业。

• 我到底做错了什么？

你是否也曾遇到和约翰一样陷入消极思维模式的朋友？你有没有试着与他们沟通？也许你给他们提了很多条建设性意见，但他们可能并没有接受，或者压根没有什么回应。这主要是因为他们无法以开放的态度接受你的建议。

直觉的运作方式亦是如此。它就像身体里一个想要帮助你的朋友，如果你总是排斥新观点，那它也无法给你启发。

后来，约翰开始意识到他的这种思维方式无法帮助他找到他需要的答案。他开始转换思维。在咨询时我曾告诉他一句话："在你进行自我发问时，问题的质量会决定答案的质量。"他说，这句话帮助了他，让他突然意识到自己问的问题不对！

学会转换思维

智慧语录网站（BrainyQuotes.com）曾引用创意思维界领军学者爱德华·德·博诺（Edward de Bano）的一句话："有时候，同样一件事，你从这个角度看觉得它是个无从下手的难题，但换个角度也许就迎刃而解，根本连问题都算不上了。"

约翰意识到他所有的担心都来自一个核心问题："我到底做错了什么？"，所以他心里考虑的都是哪里有错。按照德·博诺的说法，约翰不应该问这个问题。约翰决定拿上笔记本电脑到外面去坐坐。沐浴在初夏的阳光下，听着小鸟的歌声，他觉得心情好了不少。他开始展望自己的事业，并将愿景写了下来。

我希望：

• 自己能和客户有愉快的合作，他们还能将我引荐给别人。

•自己每月净收入至少维持在1万美元以上。

•自己能拥有轻松愉悦的生活方式，可以陪孩子参加课外及周末活动。

•有一个优秀、值得信赖、可以交付好产品或好服务的承包商团队。

•能够得到客户的好评。

随着单子越列越长，约翰发现自己的思路框架清晰了不少。他的思路被打开了，他愿意接受新的可能，于是新想法开始接二连三地出现在他的脑海里。

他坐在外面晒着太阳，思考的重心开始转向“怎样增加公司的知名度？”“怎样才能吸引潜在的客户群？”“有没有什么简单方法就能办到这些？”，约翰发现自己的思路开阔了，他不再妄自菲薄，现在的他可以通过努力轻松地找到指引他走向成功的问题的答案。

约翰庆幸让自己走出房间放松一下，因为就在刚才，他想到了一些新的营销方法和激励老客户为他引荐新客户的途径。最巧的是，那天他刚回到办公室，就接到了一个潜在新客户的电话，要和他商量一个有趣的设计项目。

你的愿景是什么

莎莉的情况与约翰有些不同。她已经失业4个月了，正在焦急地寻找工作，她的目标是重回银行业做首席信息官。莎莉是一位单身妈妈，女儿今年14岁。她之前工作的银行被一家大银行兼并了。失业之后，她动用了所有的社会关系，参加了许多场面试，谈得都很好，但均未被录用。

莎莉是典型的A型人格，她无法忍受失业之后整天无所事事的状态。她试图把每天都安排得满满当当，不让自己的大脑和身体空闲下来。

一个周五的下午，她瘫坐在沙发上哭了。她的前夫刚刚把女儿接走，接下来的周末她要一人度过，好多让她担心的问题一股脑儿地全涌上来了：如果没有公司聘用我做首席信息官怎么办？也许我该试着找其他类型的职位。也许是我能力不够？要是公司派我到别的国家工作怎么办？那样的话，我女儿该怎么办？莎莉越想越焦虑。

这样令人抓狂的焦虑持续1小时之后，莎莉居然睡着了，一直睡到大约晚上8点。醒来后，她做了点晚餐，发现自己平静了不少。这时，一个问题在她脑海中浮现：怎样做才能保持心境的平和？

莎莉从未思考过这种问题。由于之前一直忙于工作和家庭，莎莉经常处于抓狂状态，她从未停下脚步去思考保持平和的问题。对她来说这是一个全新的领域。但仅仅只是想到这个问题就让她感到平静、积极了不少。

她坐在那儿，静静地吃着刚刚热过的隔夜打包饭，觉得自己的人生有了新的方向。那些恐惧突然消散，未来仿佛充满了无限可能。

好问题的力量

畅销书作家布莱恩·特雷西曾在博客中写道：“如何激发正确的判断：创意思维的一个主要催化剂便是有侧重点的问题。

一个措辞精巧的问题通常能够洞悉事件核心，激发新想法和新见地。”

有没有这方面的例子呢？想想今天你在工作上遇到的应关注的事和挑战。不要再担心，而是把它们形成问题，看能不能激发自己的直觉给出答案。为了提高效率，要尽量避免把它们编成对错判断题。

你可以试着给自己出一道主观题，开头可以是“如何才能……？”或者“怎样做才能……？”，这种题目的答案才能给你启发，助你成功。

下面是一些例子：

- 如何才能更好地理解客户的需求？
- 怎样做才能提高我们的服务质量？
- 如何才能留住员工并提高员工工作效率？
- 对于马上要召开的客户会议，我需要做哪些准备？

雷最近非常苦恼，他为金融公司设计的产品和服务没有达到预期的销售速度。当时他决定创业，既是相信自己商业头脑的结果，也是遵从直觉而做的决定。即使面对激烈的竞争，他还是拿下了不少财富500强客户，可现在整个销售链过长，浪费了很多资金。

雷说，他当时坐在办公室的沙发上，闭上眼睛，将注意力集中在自己身上，深吸一口气，然后慢慢呼气，问自己：“怎样做才能改善销售呢？”他笑了：

“我也希望能听到一个洪亮坚定的声音，直接告诉我答案。但说实话，如果真是这样的话，我估计要被吓个半死。后来，我看到了一个菜单，最上面写着‘请按照菜单点餐’。我坐在那儿，突然意识到也许是因为我们的产品特点过多。或许我可以试着把这个产品拆成若干个小部分，这样客户更容易理解，不会觉得不知所措。后来，我们采用了这个方法，销售额一个月里就有了明显起色。”

雷的故事告诉我们，人在放松平静的状态下最容易获取直觉。你不需要给自己放长假，只需将电话调到免打扰模式，关上门，闭上眼睛，开始向自己发问！

如何对直觉启发保持开放的心态

如何对直觉启发保持积极开放的心态呢？以下是另外4个方法：

明确理想目标

起起落落是人之常情。面对挫折，要学会后退一步，看看自己为什么会陷入这样的境地。深呼吸，问问自己的目标是什么。一旦有了明确的目标，再问一句：“现在，就在此刻，我应该怎样做才能重树自信呢？”

警惕所有非建设性想法

在自己就要陷入悲观情绪之前，你要对自己说些什么？一旦你发现脑袋里想要出现一些于事无补的、不正确的想法时，你就要想办法岔开，给自己说点别的。不一定要是非常具体的话，比如“我能解决这个问题，事态一定会向好的方向发展。”或者“虽然现在情况很糟，但我已经想到一些好办法，肯定管用。”又或者是“我相信事情一定有完美的解决办法，我的直觉一定能帮我找到它。”

危机总是暂时的

提醒自己人生难免经历挫折，眼下的困难都是暂时的。试着设身处地地去审视自己的想法和情绪，把眼前的难题当成一个独立的事件。要克制自己，不要胡思乱想地认为这就是世界末日，不要不断想象“万一真的发生了怎么办？！”进展不顺利的话，要采取“一次一小步”的黄金攻坚策略。

另辟蹊径

我们在担心一件事时，总会翻来覆去想这件事。如此往复，只会钻牛角尖，让自己愈加难熬。你以为反复思考能给你带来启发，但实际上你只是非常机械地一遍遍重复。自问一句：“现在我应该怎样做才能感觉好些？”答案有很多，比如多找一些背景资料，找个了解这件事的人聊一聊，或者出去走走，回来再思考。

最后，把自己的精力集中在目标、意图、希望和梦想上。只有这样，你才能够获得直觉的指引，找到实现目标最简单、最迅速的方法。目前你在生活、工作上有哪些美好的事情？有没有你要感激的人和事？保持积极乐观的心态，直觉会来敲门的。

直觉训练小贴士

自我对话一定要谈一些积极的内容。尽量把自己的目标和梦想想象成具体的画面。主动寻求直觉的指引，遵从并践行你的直觉。任何事都无法阻挡你获得你应得的成功。

直觉训练技巧2：比喻的神奇力量

> 如今，最伟大的事情便是熟用比喻。它是一种天赋，无法习得，只有直觉才能帮你把握到两个不同事物之间的相似之处，做出好的比喻。
>
> **亚里士多德**

比喻作为一种特殊的思考方式，是释放自身创意灵感的好方法。把自己所处的情境比作其他情境也是轻松获得灵感的好方法。

罗杰·冯·奥奇（Roge Von Oech）曾就创造性思维写过很多经典著作，在《当头棒喝》（*A Whack on the Side of the Head*）一书中他写道："再无心的选择也有可能发展成日后的问题，而我们的任务就是找出这些选择。如果身边有某些事情频繁发生或是很有意义，即便这些事情不是有意为之，人们也很容易发现它们。无论结果如何，发现这个过程本身就可以提高我们洞察问题的能力。"

第一步：锁定问题，向自己发问。比如，客户小组反映你们的产品缺乏足够的品牌认知度。你可以自问："怎样才能提高品牌认知度？"

第二步：锁定核心理念。首先思考你的产品有哪些最基本的卖点，然后思考哪一个卖点是你最想让顾客或者买家了解的，比如健康、高性价比、新颖或者为婴儿潮量身定制。

第三步：为核心理念创造一个象征物。这个象征物可以是文字，也可以是图画。试着用蜡笔、颜料或者彩笔去勾画，或者翻翻杂志，直接把那些刺激你灵思泉涌的照片剪下来。无论是画画、写字或者贴剪报，去找到最适合这个核心理念的比拟物。

第四步：使用句子填空的方法。还记得汤姆·汉克斯在《阿甘正传》里的那句“人生就像一盒巧克力”吗？我们可以用“像”字连接两个相似事物，这个句式能帮我们找到恰当的比喻。

这个品牌、服务或者产品就像__________。

顾客从这个品牌、产品或服务中获得的益处就像__________。

比喻可以生动地描述品牌特质。比如某健康快餐公司在品牌推广活动中使用了一个跑步者的形象，这一画面比喻展示了该公司快捷、健康的两大理念。

第五步：随机挑选某个事物或行为。为了锻炼比喻思维，随机挑选某个事物或行为做比喻，看下面的描述与你的产品有哪些相似之处？

赛跑	高山滑雪
表演单人喜剧	刚刚添了双胞胎的父母
政客	线上约会服务
政治机构	励志演说家

第六步：反思与选择。看到现在，你有没有想到些什么？有没有一些让你难忘的画面、感觉或者理念？这就是你获取的直觉。你要不断创新思维，以此为基础，直觉才能为你带来最棒的创意。现在我们只需要按照耐克广告词说的——快去做吧！（Just do it！）

Put Your

Intuition

第5章　直觉感测评

to Work

How to Supercharge Your
Inner Wisdom to Think
Fast and Make Great Decisions

> 直觉、第六感、预感都可以形容我们内在的直觉或引导系统，这个系统每人都有。事实上，这个系统所产生的神经化学物质比大脑所产生的还多。也许你觉得自己已经失去了感知直觉的能力，但这种能力是可以重新获得的。无论是尚待开发，还是失而复得，有这个意愿就是一个好的开始。
>
> **克里斯蒂安·诺斯鲁普**（Christiane Northrup），
> 医学博士，作家，女性健康专家

艾伦正面临一个抉择。摆在他面前的是两份同等诱人的工作邀请，但坐在我面前的他却一脸焦虑。昨晚，他一夜未眠，辗转反侧，不停对比，试图分出高下。对艾伦来说，这是一次非常重要的职业选择，他不想选错。

甲公司薪资待遇高，有进一步发展成为主管的机会，工作地也符合艾伦和家人的心意。

乙公司资历老，业界声誉好，在这里艾伦可以有更稳定的职业发展。此外，艾伦还可以入股，从长远看回报丰厚。

我俩仔细研究了这两份工作机会，艾伦又谈了谈他对两家公司及面试人员的印象。结果，我俩谈到的细节越多，艾伦越焦虑。

他比较倾向乙公司，主要是因为乙公司工作比较稳定，这对他和他的家庭来说非常重要，他感觉乙公司是最佳选择。

但他总觉得哪里不太对劲。我建议他打破常规，试着闭上眼睛，深呼吸，让自己放松下来。我让他安静地坐了一会儿，尽量把所有的理智和事实抛开，把注意力集中于自己的呼吸。

看他慢慢平静下来之后，我轻轻地说："想象你现在要接受甲公司的工作，你有什么感觉，有没有看到什么，或者身体上有没有什么反应。"等了大概半分钟后，我又说："下面，想象你要接受乙公司的工作。"

还没等我说完下一步的指示，他突然喊了一声"哦！"，吓了我一跳，随即他便睁开眼睛。发生了什么？艾伦解释说，就在我刚说出"乙公司"的瞬间，他就看到了该公司的标志，上面还画着一个大大的"×"，然后他便感到自己在往下沉，胃里还有些恶心。

一开始，艾伦还想为这些想法找出合乎逻辑的原因。我向他解释，我们试图通过做这种小测验来获得直觉，帮助他做出抉择。这种内心引导的方法可以帮助我们找到那些被意识忽略的信息。

在我看来，艾伦所看到的画面以及他的感受已经明明白白地反映了他的真实想法。那个大大的"×"表示"不要去那儿"，或者至少告诉他乙公司肯定有些问题。下沉感也是一个重要信号。当做一个决定的底气或动力不足时，直觉会试图帮你摆脱这个决定。当然，我并没有建议艾伦单纯依赖直觉去做决定，但他至少应该把直觉和其他信息结合在一起做综合考量。

艾伦走的时候告诉我，一旦他下定决心，一定会电话通知我。几个月后，我接到了他的电话。电话那头的他听起来很开心，一直在笑。他说，他回去后又权衡了一下利弊，结合直觉给出的指引，他最终接受了甲公司的工作。他说，当初做这个决定时非常纠结，因为乙公司工作的稳定性也是他非常想要的。

这个故事还有一个有意思的转折：就在最近，艾伦得知乙公司居然在申请破产。他听到这个消息的时候，忽然明白了为什么当时自己会有那样的感觉。现在，一切都能说通了，他非常庆幸自己听从了直觉的建议。

肚子里的“大脑”

你是否曾有过胃痉挛的经历？一般情况下，这代表着某件事出了差错，或者你对自己的某个决定感到不安。有时，这也预示着某件不好的事要发生。

也许是你要聘用的人有问题，或者是你正在把团队引入歧途。肚子里的紧张感也属于直觉体感系统，它仿佛在告诉你：“前方危险，请务必调整方向！”

不少科学家认为人类有两个大脑：一个位于两耳之间，而另一个不太为人知晓的则位于我们的内脏中。这两个大脑一样重要，而且会相互交流。头脑一旦不安，胃就能觉察到，反之亦然。

下次再做大大小小的决定的时候，都注意一下直觉的反应，看看你的肚子是否认同。

一想到要把这个职位给这位参加面试的人，你会感到胃痉挛，还是觉得非常舒服放松？

下面是一些需要自问的问题：

- 想到其他选择，感觉有没有好一点？
- 现在就做决定正确吗？再等几个小时（或几天、几周，甚至几个月）会不会更好？

• 做这个决定需不需要搜集更多信息？

• 觉得整件事都不对吗？还是只是其中一部分？

• 怎样做才能让自己觉得没问题呢？

有没有某个问题或某件事在你的脑海中挥之不去？一定要重视起来，并有意识地用直觉感知一下，它也许能为你提供不少有价值的信息，带你走上正轨。

直觉是一项技能，多多磨练，便能愈加纯熟。想象自己体内有一个非常可靠的“直觉检查器”，每次做决定它都能帮助你！既然你已经在看这本书了，你也许已经开始注意自己主要以何种方式获取直觉信息了。

不仅仅是直觉

直觉一般是指一系列的人体感觉。体感在直觉指引体系中占了很大一部分。我让人们具体形容一下直觉到来时的感觉，结果得到了各种各样出乎意料的答案，比如：

• 感到全身一颤。

• 有种轻微触电的感觉。

• 后脊背一阵一阵地发凉。

• 好似有一股暖流穿过体内。

• 脑袋里嗡嗡地响。

• 胳膊上起鸡皮疙瘩。

• 左膝盖疼。

• 胃痉挛。

• 消化不良。

• 全身突然发紧。

• 脚冰凉。

这些虽然不是全部的答案，但足以让我们得出以下结论，即人们能感知到直觉的到来。

有一位企业家曾经跟我分享过这样一件事。当时，她正考虑开拓新业务，但每次她拿起电话想打给那个潜在客户表示接受合作时，总感到很泄气，就像“有人拔掉了自己能量的插头”，最后她拒绝了那位客户。后来她在一次社交活动中，偶然听到有人提到这位客户以及他相当不好共事。这位企业家说：“那种感觉就像是我的理智让我前进，但事后证明我的身体更加明智。”

关注身体信号

我们应该如何解读身体发出的信息呢？首先，注意自己身体的反应。回想过去几天自己做过的正确决定，当时身体是什么感觉？哪里有感觉？你如何形容那种感觉？再回想一下自己做过的错误决定，同样回答这3个问题。

例1：你需要做一次电话推销，但你却犹犹豫豫，一上午都没有打出去。大概11:30时，你也不知道哪儿来的一股力量，促使你决定拿起电话拨了出去。结果，你正巧抓住了正确的时间，客户在那个时候刚好很乐意接到你的电话。

例2：周二早晨，你一醒来，就有个念头突然冒了出来：“我今天应该早点去办公室。”可随之你就推翻了这个想法，告诉自己晚上多加一会儿班也是一样的。虽然注意到自己肚子有些疼，你还是选择正常时间出门。结果，你刚上高速，就听到广播里的交通播报员说今天的上班路上出现拥堵。如果你提早30分钟出门，你就能避开拥堵了。

先从做小决定时开始注意观察自己的身体反应。

- 我应该找谁了解这件事的背景信息？
- 这个时间打电话合适吗？
- 我有必要亲自出席会议吗？
- 应该选择哪个餐厅？
- 这个项目应该找乔或者玛丽合作吗？
- 要了解这方面的最新情况，哪本书最有帮助？

我建议大家最好找个本子，把这些决定都记下来。你当时的决定是什么？身体有没有什么感觉？那个决定是好、一般，还是不好？

慢慢地，每次遇到小决定时，你都能自然地接收到直觉。同时，在面临一些重大决定时，你也会吃惊地发现直觉不仅越来越准，而且来得也越来越快。

是什么在企图引起你的注意

如果某件事一直在你的脑袋里，怎么甩也甩不掉，那请你正视它。你不一定非要把它的来龙去脉弄明白，但请你相信这是直觉给你的指引，你只有正视它，才能知道下一步该怎么做。

不确定感是正常的

很少有人会觉得自己100%可以实现某个目标。诚实的人会告诉你，大部分时间他们都会感到害怕、担心、缺乏自信。在你的信心开始动摇时，你必须要找到一个方法或一种信念，帮助自己坚持下去，比如找导师或辅导员聊一聊，看点儿励志的内容，或者寻求精神信仰的鼓励。

走出舒适区

通常人们在感到不安或不确定时，都会想要待在自己的舒适区里。有谁想要更多不确定性？但相信直觉的人却认为越是在这样的时候越要打破常规。那要做些什么呢？你可以给自己钦佩的人发邮件，寻求他们的建议。（写这本书时，我经常这么做。）你还可以去上兴趣班，或者在聚会上主动结识陌生人。通过转换环境，你可以结识新朋友，发现新机遇。你会发现，原来世界上竟有这么多愿意帮助你的贵人。

打破规矩

在学习相信直觉的路上肯定会出现很多反对的声音。“你不能这么做。”“事情可不能这么办。”“要想事业成功，你必须……”现如今，越不走寻常路的人越有可能成长为明日的商界之星。他们相信直觉，创造适用于自己的新规则。如果你失败了，把它看作一次挫折，从中吸取经验，并以此为新的起点，重整旗鼓，继续向前。人不经历挫折，就很难去尝试新事物。

选择清单

找出一个笔记本，然后想一想自己有哪些目标，可以是生活得更有趣、更幸福这样比较抽象的目标，也可以是理想的职位、薪资、行业这样比较具体的目标。现在，在本子上逐条列一列自己应该采取哪些行动才能实现这些目标。完成清单后，后退一步，然后扫一眼。哪一条脱颖而出，让你现在就想开始实施呢？

那就是直觉给你的答案，现在赶快开始行动吧！

直觉训练小贴士

身体也能给我们传达很多潜意识信息。下次再面临选择时，无论大小，看看自己身体的反应。在考虑这个选择时，你的肚子是舒服还是难受？还有哪些身体反应也能帮助你判别一个选择的对错？

Put Your

Intuition

第6章 身体里的指挥官

to Work

How to Supercharge Your
Inner Wisdom to Think
Fast and Make Great Decisions

> 我们体内都有一个指挥官，它神通广大，不仅能帮我们找到工作、创造机遇、发现人才，还能帮我们自立门户、增加收益、提高收入、解决问题，甚至提高生活品质。
>
> **罗伯特·沙因费尔德**（Robert Sheinfeld），
> 《第 11 项要素》（*The 11th Element*）作者

初创公司天使投资人大卫·贝克尔（David Becker）是直觉的狂热粉丝，他认为直觉就像是一个“内在的咨询师”。2015年我采访他时，他说直觉曾经挽救过他的一个公司——菲利普贝克尔设计公司（Philippe Becker Design，PBD）。这是一家形象策划与包装公司，贝克尔曾是该公司的首席执行官。这个故事是这样的：

我们公司的发展速度曾经位列旧金山第五名，客户包括迪士尼、福布斯、盖璞服装（Gap）、西夫韦（Safeway）、移动电话运营公司（T-Mobile）、全食超市（Whole Foods Market）以及威廉姆斯-索诺玛公司（Williams-Sonoma，Inc.）。

随着公司快速发展，我们发现公司急需一名核心财务人员。这一职位非常重要，事关公司下一步的发展。我们花了很多时间去找合适的人选，这个人既得业务精练，同时还得契合我们公司的文化、信仰和发展方向。

最后，我们锁定了一个人，他看上去符合我们所有的要求，所有的招聘程序都已走完，所有人也都同意录用他。说实话，当时的我迫切希望他能尽早入职，这种迫切感和圣诞节小朋友对自行车的期盼不相上下。

但同时，我开始感觉到这个人好像哪里不太对劲。那种感觉我也说不明白，但就是隐隐地觉得有风险，而且这种不祥的感觉挥之不去。这个人一旦被录用将会是掌握公司全部财务信息的人，他要担任的是公司的要职，而这时公司上下都在等着我做出最后的决定。

我发现自己在面临这样一个重大决定时，竟然没有注意观察自己情绪的变化。当时我有点儿太兴奋了，细想起来这也是一个预警信号。我决定先通过网络做一个例行背景调查，多少让我感到意外的是，结果并无异常，但我还是感觉不对劲。

我决定试一试在MBA课上学过的“三步决策法”：第一步逻辑分析，第二步情绪检视，第三步单纯直觉判断。仅仅是完成前两步，我就已经觉得不对劲了。

我意识到在不知不觉中，我已将情绪凌驾于直觉之上，当时我以为找到了对的并且可以信任的人，一时只顾着兴奋了。三步都完成之后，我感到自己越来越不舒服。于是我决定花几千美元找人做一个更加全面的背景调查。第二天，我收到了反馈，而我的直觉得到了验证。这个人曾在其他州犯过多项涉及企业资金的重罪，雇用他将会成为公司的灾难。

大卫做出最后决定的这个过程让我想起之前在ThinkExist.

com（注：引言搜索引擎）上看到的英国推理作家马杰里·阿林厄姆（Margery Allingham）的一句话："他得出的这个结论既不是审慎逻辑推理的结果，也不是灵光乍现的产物，而是这两者杂糅相交于混沌中所产生的奇迹，这其实也是我们获取知识的主要方式。"

想要帮助你的咨询师

其实，我们体内有一部分已经知道获取成功的最佳途径，我们可以把这一部分称为自己的"内在咨询师"。假设在现实生活中你有一个真人咨询师，你肯定想时不时地和他碰面，探讨一下最近的烦恼。当然，每次你都会有一些问题要咨询。而在遇到人生中的困境时，你可以试着问问你的内在咨询师。

要想达到最佳效果，首先你要空出10～20分钟，保证自己不被打扰。准备一台电脑、一部手机或是一个笔记本，用来记录自己所获得的信息。静静地坐上几分钟，你会发现你可以轻松地获得内在咨询师的反馈。有的人说他们坐在桌前，想到什么就写什么，效果反而更好。直觉经常不期而至。

首先记下自己想要完成的事，然后提一个开放式的问题。比如你可以这样写：

- 我希望本季度的销售额能有所突破，最好的方法是什么？
- 我想激发产品研发小组的积极性，有什么好办法吗？
- 我希望能唤起自己对工作的热情，哪些方法会比较有效？
- 我希望能提高自己遵从直觉的能力，应该怎么做？

跟所有直觉提供的信息一样，你获得的答案有可能是一个主意，一个完全成型的想法，一个有象征意义的画面，一种身体上的感觉，或者是一闪而过的某种印象。无论是什么，把它们记下来或者画下来，在接下来的一到两天里，你会得到更多信息。不时地去翻看你所得到的反馈，思考它们是否带给你新的思路。

为生活创造“空白区”

利比·瓦格纳（Libby Wagner）是一名诗人、作家和演说家。她是诗歌教授却经常受邀为董事会做讲座，这样的情况并不多见。现在，利比主要为公司总裁、CEO和总监们做咨询，并深得他们的信任。她的工作重塑了不少财富500强公司的企业文化，这些公司包括波音、耐克、飞利浦、SAP、帝亚吉欧（Diageo）和好市多（Costco）。凭借着自己独特的方法，利比帮助公司领导者们创造了卓越的影响力，也让他们充满自信地带领公司在创新领域一路前进。

利比的咨询内容和其他咨询师无异，主要包括公司改革和提升领导力、沟通力及创新力等方面。但是，她的做法非常不同。在我采访她时，她说直觉在她的咨询过程中扮演着相当重要的角色，她会给所有客户构建一个“诗歌范例”。利比说：

我们要帮助领导者们建立自信，让他们相信自己可以为公司带来积极的改变，之后再将这个愿景清晰地传递给别人。要做到这一点，他们首先要学会聆听内心的声音。那诗歌和经商有什么关系呢？

每次给客户做咨询，我都会在写字板上写下面几个词：

勇气

观察

铭记人性

专一

我会问他们："你们一般什么时候会需要这些？"当然大家都会回答他们每时每刻都会需要，这些也是一个诗人必须要用到的。

无论我面对的是什么咨询内容，首先我会要求咨询人做到以下两点：

1. 勇于放弃。
2. 深层倾听。

深层倾听能够释放内心空间，为迎接积极信息做准备。你所倾听的是内在的自我，也就是你的直觉。同时，你也在关注自己周边的环境。也许你关注的是人或者是正在发生的某件事。

我会要求人们抛弃脑袋里固有的想法，然后再去深入倾听内在智慧是怎么说的。这个过程不能着急，一定要慢慢来。平时，我们接收到的信息都是要我们加快速度，做什么都要快，这一点是不适用于直觉倾听的。

当你静下心来，专注于当下时，你对于周边的环境会更加敏感。慢一点，你看到了什么，听到了什么，感受到了什么？急于求成反而比较难专注，所以要想抓住直觉，一定要戒躁。当然，如果你整天就知道忙工作，那恐怕你永远都不会抓到它。

利比建议大家为生活创造"空白区"。"空白区"就是你可以无所事事、没有日程安排的时间。在此期间，你可以抬头看看天空，出去散步，或者仅仅是闭上眼睛，享受呼吸，做个白日梦。这段时间的重点就是在倾听中放慢生活的脚步，释放内在的智慧。

利比一般会给客户发一个日记本，让他们用笔而非键盘进行记录，以此来激发灵感和直觉。在“空白区”里要记录的东西可以是创意、感受或是顿悟。利比说：

倾听那些挥之不去的问题，与自己对话，这能为你带来有形或无形的帮助。专注于自己周边的环境，仔细接收内心那个声音所传达的信息。

一旦你不够专注，错过了直觉为你提供的信息，现实绝对会给你冷冷一击。这也是为什么人们在后悔时经常说“我之前就知道我不该这么做”或者“我就感觉这么做不对”。其实你要做的很简单，那就是好好琢磨直觉传递给你的信息，然后采取行动。

搜集直觉情报的简单方法

我同事的方法和利比的有异曲同工之妙，只不过更为简单，因为他本身就是个简单的人。每天早上，他都会在一张小卡片上写一个问题，然后将小卡片放在自己衬衣口袋里。在接下来的一天里，每当他脑袋里闪过任何思路，或是现实中碰到恰巧能回答这个问题的情境时，他都会记在那张卡片上。他说，这样做他就能时刻记住这个问题，不断搜集答案。

最近，他来参加我的一个演讲，给我看了他攒的一打小卡片，够我研究好几天的。上面密密麻麻地记满了各种想法和信息，他说这些小卡片不仅能帮他提高销售业绩、找到好的员工，甚至还帮他成功解决了一个大难题，留住了他最大的一个客户。

他笑着说："没有这些小卡片，就没有我的今天，它们就是我的第二大脑！"

直觉的独到见解

你内心的那位咨询师是思维的创意担当，每次你问它问题，它都能给你答案，比如"这个问题还有没有其他角度？""对于这个决定，还有没有其他处理方法？"或者"这个问题还有没有其他解决办法？"

贾斯汀·布莱迪（Justin Brady）的公司名叫卡特维（Cultivate），其公司主要帮助一些创意创新公司寻找市场。他经常为公司领导层讲授创新方法，也为《华盛顿邮报》《华尔街日报》《福布斯》等众多刊物撰文。2015年12月，我对他进行了电话采访，他讲述了自己在与客户打交道的过程中是如何运用直觉的：

我的客户大多都是些前沿公司，我们的工作就是帮助他们的产品找到市场。但很多时候，因为他们的产品过于前沿，我们在跟顾客沟通中很难去证明这个产品会盈利，毕竟之前没有类似的产品可以参照。所以，很多时候，对方的反应都是"嗯，好的"这样敷衍了事。

在这样的情况下，我们做调研的空间很小，想要取得成功，很大程度上就要凭借自己多年来练就的直觉感：具体来说，就是在客户自我觉醒前，你就能抓住并理解客户潜意识里想要传达的信息。再者，就是能够区分客户以为自己需要的和客户真正需要的东西。

我会仔细听客户说的每一个字，甚至他的每一次叹息，也会关注他的身体语言，就连闲聊我也不会松懈。大多数情况下，我们总是想保持客观，所以耳朵听到了什么就记下什么，但其实我们潜意识里已经搜集到了不少细微的线索，而这样做只会将这些线索埋没。

在培养直觉感的过程中，我找到了很多独到的沟通方法，让我可以将客户的创意有效地传达给其他人，从而建立长期的合作关系。很多人都明白直觉的重要性，但却忽视了直觉是可以提升的，而且方法很简单，就是慢下来，仔细倾听。

直觉训练小贴士

你内心的那位咨询师是思维的创意担当，你可以问它一些比较直观的问题，比如“我还可以怎样看待这个问题？”“怎样做才能得到我想要的结果？”或者甚至是“如果是某某专家的话，他会怎么做？”

直觉训练技巧3：直觉日志

> 直觉日志可以是日记、冥想记录或其他任何形式，重要的是你要和你的思维建立联系。
>
> **娜塔莉·戈德堡**（Natalie Goldberg），《写出我心》（*Writing Down the Bones*）作者

直觉与其他技能一样，都可以熟能生巧，所以注重培养非常重要，记录直觉日记就是一个好方法。记录的方式不重要，你可以记在手机、电脑或是本子上。

另外一个很受欢迎的方式就是“直觉检查表”，即每天留出一段时间，最好是工作开始前，把需要直觉感应的事情一一进行检查。

找个安静的地方坐一坐，或者关上办公室的门，把电话关掉。

想想今天遇到的那些麻烦、决定和挑战，把这些都写进日记，一页纸写一件事。

闭上眼睛，放缓呼吸，只关注自己。

一个一个地思考，然后问一些问题，比如“关于这个问题，我该考虑些什么？”或者用一个陈述句“我需要的信息

包括……”

注意直觉的反馈，记住：这种反馈不一定是一句完整的话。一个画面，一个短语，一种感觉，或是一个象征性的符号，都可能具有同等的价值。

无论反馈是什么，哪怕只是些零碎的片段，都要一一记到日记中。这个时候不要着急进行编辑或是分析，这些可以之后再做。

即便没有瞬间灵思泉涌，也不要气馁，直觉总是不期而至，而且通常是在晚上。一旦它来了，抓紧记下来！而且你记录得越多，你就越有可能得到更多有价值的直觉信息。

平时多翻翻这些记录，也许月初得到的那个答案在当时看着没什么用，现在就能用上了。

Put Your

Intuition

第7章　你的诉求，直觉知道

to Work

How to Supercharge Your
Inner Wisdom to Think
Fast and Make Great Decisions

> 当你发现日复一日的生活丝毫没有改善的迹象，也许你应该反思一下了。
>
> **罗纳德·A．海菲兹**（Ronald A. Heifetz），
> 《自适应领导力实践》（*The Practice of Adaptive Leadership*）作者

易丹·施普兹（Idan Shpizear）是911重建公司（911 Restoration）的联合创始人和首席执行官，公司主要负责水灾、火灾和其他灾害后的房屋重建。易丹是一个对生活和工作都充满热情的人，而且他的这种热忱非常有感染力。2015年10月，我对他进行了电话采访，他告诉我，他的成功很大程度上要归功于直觉。2003年，他和朋友法勒·林登贝格（Peleg Lndenberg）一起从以色列到美国。当时他们口袋里只有1500美元，和5个人合租一个小公寓。两人租了一辆很破的沃尔沃，开着车去给客户清洗地毯，这是他们在美国的第一份工作。易丹说："我们不会英语，看不懂路标，连车该停在哪儿都不知道。那个时候，我就有了一个目标，而且我知道我一定要实现它。"

易丹说，他感到自己极度渴望做点儿大事，不仅想改变自己的生活，更想要通过自己的事业为别人传递积极的影响。一开始他就只

是想多赚钱，但是后来他意识到自己更想为世界做出自己的贡献。他说："这是一个自我发现的过程，一个深层、内在引导的过程，就好像有人帮我找到了正确的方向，而且还一路推着我向前走。"

易丹明白仅仅靠清洗地毯肯定无法实现自己的目标，他说：

机会在哪里？正确的方向又是什么？虽然迷茫过，但我始终相信自己内心的信仰和梦想。我认为既然自己已经想到了，就一定能做到。每个人心里都有梦想，其实在有了这个梦想的时候，你就已经不迷茫了。你不再消极怠工，陷入负面情绪，害怕失败。人人皆有恐惧，你要学会面对和接受，不要逃避。

思维被局限时，人们就容易感到恐惧。恐惧的内容也多是人们编造出来吓唬自己的，因为这样就可以逃避本来应该做的事情，因此恐惧就是人们用来逃避的借口。这时，多去想想自己的梦想，你会获得更多力量，心胸也会开阔。冥想、反思或者读一些启发性的书，这些方法都能让你换个角度去看待生活中的经历。

你的诉求，你那个大大的梦想都在你的体内存在着。你只需要多和它们沟通，比如问问它们："我要不要再向前走一步？对此我是否心甘情愿，即便将来我要经历磨难？"

从一名地毯清洁工，到现在帮助受灾人民重建房屋，重启事业，以上就是易丹的心路历程。

在内心的指引下，易丹不仅顺利推出新产品，还鼓励加盟店老板和他指导的小学生追寻自己的梦想，他正一步一步地朝自己的梦想迈进。现在，易丹每天都会早起，然后冥想一段时间，把内容记下来之后再进行反思。他说："这就是一个自我启迪的过程。"这句话说起来简单，但却是易丹数年经历的总结，让他从当初3000美元白手起家，变成了在全美拥有60个办事处的公司老板，获得了大家公认的成功。

你来这里是要做什么

奥普拉·温弗莉（Oprah Winfrey）和易丹有类似的观点，她曾在2010年11月的《奥普拉杂志》南非特辑中写道："埋没激情就如同慢性死亡。激情会通过感觉和你沟通，指引你朝着最好的自己努力。留心那些让你觉得充满力量、备受鼓舞或是倍感亲切的事物，它们通常是你所热爱的。做自己喜欢做的事才会倍加努力，而你收获的将不仅仅是成功。"

每个人都会经历疲倦困顿，刚上班时觉得自己的工作新鲜刺激、有前景，现在看来它也不过就是一份工作。我的一位客户曾把这种感觉形容为"一眼就能望到头"。

珍妮特是我直觉课程的学员之一，她拥有一份令人羡慕的工作——某成长型科技公司的首席运营官。珍妮特说：

从前，我觉得这份工作哪儿哪儿都好：节奏快，变数多，每天都要跟进最新科技动态，保持自己始终走在专业领域的前沿。我是一个"事来疯"，工作越多，我的效率越高。

我一路晋升，很快便坐到了现在的位子。照理说，这份工作应该是我梦寐以求的，但问题是，我找不到激情了。说实话，我已经有点倦怠了。想当初，我也是费尽力气才走到今天的位置。现在再回头看，我觉得自己好傻好可怜。我想辞职，想换个不同的行业，比如服务业，但我要怎么做呢？对于下一步的发展我还没有清晰的规划。

荣格学派作家、分析师、医学博士珍·信田·博伦（Jean

Shinoda Bolen）曾在ThinkExist.com上就类似情况有过以下表述：“每个人都有必要、有权利花时间去关注自己的灵魂，这并不是件简单的事。人们大都比较务实，认为衡量人生成功的标准就是产出的结果，而很少有人用人生经历的质量去衡量。”

抓住改变的契机

几乎所有人都希望直觉能够大声给出明确的指示，比如“你接下来要面临的是一项艰巨的任务，现在就去做吧！”但是，当我们像珍妮特一样感到疲惫、倦怠的时候，直觉只会悄悄地跟我们耳语：

- 休息一下。
- 把工作分给下属一些。
- 写写日记。
- 找个导师、顾问或者有直觉力的人谈谈。
- 累了就休息一下。
- 冥思一会儿。
- 反思一会儿。
- 读一些有启发性的书。
- 先放手，后退一步。
- 找些能懂你的朋友出去聚聚。
- 到大自然中去。
- 睡觉，休息，充电。

这些事情大概不会受到那些目的明确的务实派的青睐，但却是我们下一步重新出发的重要调剂，我们应该把它们当成是人生周期的重要部分。这段时间就好像是你为自己下一个成长周期埋下的种子。利用这段时间好好休息、养精蓄锐，等到时机成熟，你所播下的种子自然会发芽并开花结果。

珍妮特在课程结束的时候，做了两个决定：

1. 她会用半年的时间去探索各种可能，而不是现在就逼自己做出决定。

2. 她会采纳上面列举的一些方法，放慢自己的步伐，并探索下面将要列举的问题的答案，去憧憬、反思自己想要创造的新生活到底是什么样的。

自问

下面就是一些值得你花时间思考的问题。对大多数人来说，使用纸笔记录比使用电脑更容易获得直觉信息，你可以两种都试试，看哪种更适合你。找出一段不易被打断的时间，好好思考下面的问题。如果有某个想法或答案让你感到兴奋，一定要深挖下去，这就是直觉给你的信号。

• 目前你渴望什么？这个问题的答案最好不是某个具体的目标，而是某种抽象的感觉（比如人际关系、乐趣、意义、刺激或者平和）。

• 你做什么的时候觉得时间过得很快？

• 也许你也可以在现在的公司找到理想中的工作。假设现在就有这样的工作，你觉得会是什么职位？

• 周末和节假日里，你最期待做什么？

• 你觉得如果某人得到了一份梦寐以求的工作，他会做些什么？

• 假设你不缺钱，你会想做什么工作？

• 假如老板给你放了一年假，让你去为社区做贡献，你会怎么做？

•当地的大学或成人教育中心有没有哪些课是你想去上的？

•闭上眼睛，深呼吸，放轻松，想象自己正在做着理想中的工作，你看到了什么画面？

•关于你理想的工作，你的直觉有没有传递给你什么信息？

它有没有引导你去做些什么？你有没有对某些事感到兴奋，觉得非常想去做？也许它只告诉你下一步应该怎么做，并没有告诉你终极目标。

兴趣的重要作用

凯瑟琳·布思（Catherine Booth）是救世军（The Salvatiom Army）的创始人。她曾表达过这样的观点："人类的极限绝非地球可以限制，让我们直面我们崇高的使命。"认清了这个使命后接下来要怎么做呢？创新的第一步就是知道自己想要什么。鲁米（Rumi）有句著名的诗："我们就这样静静地往前走/前方牵着我们的/就是我们真正热爱的事物。"

有时我们也会被自己困住。理性思维告诉我们，"不知道"怎么做，我们"只是不知道"人生目标是什么，或者"只是不知道"自己怎么会到了这步田地！下面是一个我自己很喜欢的填句练习："如果……那岂不是很棒？"大家可以随意填，多找些纸，尽量多想些答案。

比如：

•如果一份又好又有趣的工作从天而降，那岂不是很棒？

•如果我可以通过________赚钱，那岂不是很棒？

•如果我发现自己的诉求是________，那岂不是很棒？

这种发散式思维需要专注、洞见和不断练习，在这个过程中，你要相信自己的直觉可以给你一些好的想法，同时要对随时出现的新可能或新方向保持开放的态度。

虽然这些练习并不会让你立刻认清自己的职业或生活目标，但至少可以给你一个好的开始。那些过上自己理想生活的人，在最初的时候都要弄明白这些问题。同时，他们还得有足够的信心，愿意承担追随梦想所面临的风险。你不需要立刻辞掉现在的工作，先花时间去尝试一下自己想做的事，接触一下那些能够帮助你实现梦想的人，然后一步一步地去拥有更大的梦想。

现在不是担心自己的梦想是不是务实，能不能养活自己的时候，你只需要思考你想过什么样的生活，包括你和他人的关系，你的工作、金钱、精神生活、归属感、家庭、家人、成就、健康、教育、自由时间、爱好和旅游是怎样的。

答案总会有

所有的这些最后又是如何汇聚成自己的诉求的呢？之前我们经常说，你获得的答案可能有多种形式。困惑不解有时正是直觉的象征，还有心理暗示、内心的悄悄话、某种推动你的力量以及那些看似零碎实则暗含联系的东西。还有一点需要注意，你的“人生目标”或者使命不一定要非常大，这完全没有问题。随着年龄的增加，你还会发现自己的梦想也会改变。

随着倾听的深入，哪些是你现在特别想做的事呢？也许是一件你非常好奇的事，一本你忽然想读的书，一件你童年时期记忆最深刻的事，或者是一通你很久都未拨出的电话。还是那句话，行动不分大小。珍·信田·博伦曾就此表达过这样的观点：“在你尝试做一件之前从未做过的事情之前，首先你要想象这件事是可以做到的。”（摘自ThinkExist.com）现在就开始发挥想象、尽情做梦吧！

直觉训练小贴士

你在好奇什么？你感兴趣的又是什么？结合本章所讲的内容与你的答案，直觉很快就会给你下一步的指引，人生的各种迷惑也将被一一理顺。

直觉训练技巧4：你准备好采取行动了吗

> 我相信，在我们清醒的每一分钟，生活都在试图告诉我们应该做些什么，我们又将去向何方。
>
> **艾琳·费雪**（Eileen Fisher）

目标明确却不知从何努力会令人痛苦，总是感觉哪里不对也令人抓狂。这时候我们就该请直觉帮忙了，通常你只需要向前迈出小小的一步，之后你便会有源源不断的想法。

很多人反映，每次他们利用直觉做出正确的选择，就好像打开了机会和好运的大门，成功也就水到渠成了。

你觉得下面哪个会是你那小小一步的最佳选择？

- 我需要搜集更多信息。
- 我需要给________打个电话，问问她的想法。
- 应该晚一些再做决定。
- 我已经准备好去________，而不是去________。
- 我最好再梳理一下利弊。
- 我得找________和________一起头脑风暴一下。

•我觉得这个思路不对劲，我们不要着急，再考虑考虑。

•今天可以从哪件（些）小事做起？

Put Your

Intuition

第8章　打开心扉去倾听

to Work

How to Supercharge Your
Inner Wisdom to Think
Fast and Make Great Decisions

> 倾听有一种神奇的魔力，一种创造性的力量。能互相倾听的朋友，友情会愈加深厚。我们在得到倾听后，也会觉得心里敞亮了很多。
>
> **卡尔·A. 孟尼格尔**（Karl A. Menniger），
> 美国精神病学家

杰森是美国一家医药公司的销售总监，莎莉是他手下的一位区域销售经理。有一天，莎莉来到杰森的办公室说一个大客户出了点问题，并把问题详细描述了一番。杰森那天要开很多会，正烦着，根本没心思想莎莉的问题。他觉得自己脑袋一团乱，再加上莎莉没给出任何解决办法，于是越来越烦躁，直接一句话搪塞过去，希望能结束与莎莉的对话，然后便匆匆去开会了，留下了失望的莎莉。

那天晚些时候，杰森终于有点儿时间可以思考上午发生的事。他觉得自己的回复太过草率，并没有给莎莉任何帮助。杰森明白，莎莉是个非常优秀的销售经理，值得他投入更多时间和精力进行栽培，尤其是这次的事还牵涉到大客户。他决心改掉这个毛病，成为一个能敞开心扉倾听下属的领导，而不仅仅是发号施令。

管理学咨询师彼得·德鲁克（Peter Drucker）说过："沟通中最重要的事莫过于听懂言外之意。"（摘自BrainyQuote.com）杰森开始注意培养这个技能，几个月后他告诉我，自己的一个改变调动了整个团队的活力，很多事情都在往好的方向发展。

开放式问题的力量

本杰明·富兰克林与德鲁克有类似的观点，他曾说过为人处世最重要的是"少说多做"。这句话对于直觉倾听同样适用，优秀的领导者通常也是说得少，听得多。事实上，那些受下属欢迎的"好老板"通常只会抛出好的问题。这些领导者雇用很聪明也很有能力的下属，也相信他们完全可以自己解决好任何问题。老板们给出的问题更像是一种指导而非命令，他们鼓励员工自由发挥创意，跟随自己的直觉。

很多人都反映，如果自己可以不被打断，畅快地把问题说出来，通常说着说着自己就能想到解决方案。开放式问题能激发人们的倾诉欲，进而通过深层的分析找到可能的解决方案。

好的开放式问题是什么样的？那些用"是"或"否"就能回答的问题肯定不是。好问题应该是值得探讨的，通过这个过程，人们可以拓宽对这个问题的认识，有时还能得到出乎意料的解决方法，领导者也可以更深入地去理解下属或整个部门所面临的挑战。

以下这些问题是杰森曾经与莎莉及其他下属探讨过的：

- 我们上次开会之后，事情有什么新进展吗？
- 这个我还挺好奇的，能多跟我说说吗？
- 你现在面临的挑战有哪些？
- 能多跟我说说你观察到的情况吗？

•这件事里，你觉得首先要解决的问题是什么？

•（针对当前要面对的人或者处境）你想要的结果是什么样的？怎么做才能实现它？

•你觉得下一步怎么做比较好？

•要实现这个目标，你需要什么样的支持？

•你还觉得什么比较重要？

•还有吗？

•你最需要我为你做些什么？

•你觉得咱俩这次谈话的内容，哪些对你帮助最大？

情况不同，问题也不同，你完全可以去探索其他适合自己的问题，也可以根据对方对上面最后一题的反馈来找到那些最好的问题。

如何凭直觉倾听

要深层次地理解自己目前要面对的一个人或者一件事，好问题固然可以为我们开个好头，但深层次的聆听同样非常重要。怎样才能做到呢？交谈时，左脑会忙于寻找答案，它会不断思考下一个问题是什么，并对自身及对方的行为进行评判。人们总是过于在意别人对自己的看法，想要事事“遂人愿”。所以，即便是很正常的交流，我们的思维活动其实也复杂得惊人！

人在凭直觉倾听时，身、心及思维都会被调动起来，人们会专注于接收对方传递的完整信息。某些信息会通过身体感受传达给你。比如，你觉得一件事“不对头”或不应该做时，会感到肚子一紧。也许你还会注意到说话人的声音和表情。那么他们的语气和神情与说话的内容一致吗？凭直觉去接收信息，你会更有同情心。你能听到说话人话里的关键信息，体会到他们的感受和那些并未挑明的深层次想法。

比如，杰森与莎莉谈话时，他能意识到他说的话对莎莉并没有任何帮助。后来回想起这段谈话时，他注意到会议结束后，莎莉看起来非常焦虑。虽然她嘴上说“好的，我明白，我同意”，但却在不断摇头，好像在说“不，我不同意，我不明白”。杰森也提到他在走出会议室去开另一个会时，有一种很空虚、失落的感觉。

玛莎·雷诺兹（Marcia Reynolds）博士是一名领导力导师，同时也是愿景共建公司的总裁和《不适区：领导们如何从艰难谈话中寻求突破》（*The Discomfort Zone: How Leaders Turn Difficult Conversations Into Breakthroughs*）一书的作者。她对大脑很是着迷，尤其想知道到底是什么激发了人们的热情和创新力。我们曾在2015年10月通过网络电话对她进行了采访，她开玩笑说自己闲来无事喜欢攒学位。就这样，她获得了组织发展学博士学位，同时她还想成为员工敬业度和领导力发展方面的顶尖导师，正是她对大脑的兴趣引领她在这条路上越走越远。

在这个过程中，雷诺兹博士将3个专业领域进行了融合：组织变革、指导下属和情商。她将这3个领域运用到了她最近十分感兴趣的研究中：改变领导们在工作中的谈话。她认为，最高效的领导者可以帮助员工开拓思维。领导者如果可以进行有效的谈话，他就可以从深层次影响员工的思维，而一旦员工的探索欲被激发出来，整个办公环境也会充满活力。雷诺兹博士认为，想要进行这样的谈话，领导者必须要凭自己的直觉倾听。

为什么呢？她说：“我发现人在凭自己的直觉倾听时会调动整个神经系统，包括心、直觉和大脑。”她认为大多数人不能好好听别人说话的原因是他们只留心大脑中负责分析、审查的那部分，一直在想接下来应该怎样接话。这样一来，他们内心和直觉的感受自然就被忽略了。

雷诺兹博士说："听是一个复杂的过程。如果你凭脑去听，你听到的只是说话人用种种假设和个人信念串起来的一个故事。但如果你凭心去听，你就能感受到他们渴望什么，为什么他们感到失望或被骗，为什么他们的话中带着讥讽或失落。凭直觉去听，你就能感受到他们在害怕什么以及他们在乎什么。如果你能以开放的心态去接收信息，你就能从整个神经系统中获取信息。"

雷诺兹博士建议在说话前调动直觉，这能帮助我们专注于当前。"直觉不是来自于外界，而是源自内在世界。"调动直觉后，你可以听到说话人的言外之意。你必须专注于当前这一刻，想象自己神经网络的所有中心都已经开放，并调动好奇心去打开思维，启动同情心去打开心灵。相信自己的直觉需要勇气，它会让你把平时那些沟通起来很困难但别人有必要听一听的事情说出口。雷诺兹博士建议在说话之前，想一想自己特别在乎的人和事来打开心灵，然后深呼吸，说一些自我激励的话，再将所有中心打开。

根据雷诺兹博士的观察，因为人与人个性不同，有的人会觉得遵从心灵比遵从直觉更容易，有的人则认为恰好相反。平时乐于助人的人更容易遵从内心，冒险派和行动派则更容易遵从直觉。但在与人交流时，我们最好有意识地把两者都调动起来，尤其注意调动自己较为薄弱的部分。

雷诺兹博士同时承认，用开放的思维、心灵和直觉去倾听需要有意识的、长期的练习。每天抽出一段时间用以上方法去积极地倾听，你一定可以培养直觉并学会遵从它，并且你身边的人也会感觉到自己得到了倾听和理解。这些倾听和沟通技巧最终可以帮助你打造一支协作得更加愉快、更加成功的团队。

直觉对话

马尔科姆·福布斯（Malcolm Forbes）曾在福布斯网站上说："沟通的艺术性在于倾听。"我们怎样才能在帮助别人解决问题的同时，又做一个好的倾听者呢？下面是一些小建议。

关注对方

有时，来找我们寻求建议的人可能只是简单地想找个人倾诉一下。倾诉可以帮助他们理清自己的情绪、观点和倾向。所以即使自己有这方面的经验，也不要急于给对方建议。尤其在对话刚开始的时候，对方需要的其实只是同情与理解。试着用上面列的那些问题去引导对方发现他们心里的答案。

注意沟通方式

据BusinessBalls.com这个网站报道，研究人员发现沟通中文字的使用只占到7%。事实上，沟通时55%靠看，38%靠听，前者包括眼神交流和身体语言，后者包括语调、音调以及语速。所以我们通常都是通过面部表情、姿势以及声音来与人沟通。试想，你想跟对方沟通一些重要的事，结果对方抱着胳膊、紧蹙眉头，似乎在说他并不认同你的说法。但鉴于这次沟通非常重要，我们需要为此营造一种温暖、开放又鼓舞人心的氛围，该怎么做呢？和雷诺兹博士的技巧一样，一开始你需要一点儿练习。

保持开放的心态

我们在听别人的故事时，总是急于下结论，但有一点需要我们铭记，即每个人对世界的看法都是不同的，每个人都有自己的长处和短处，有自己独特的想法。这些无关对错，只是让我们独立于世。听别人讲故事时，我们应该明白他们很可能加入了很多不准确或是不确定的信息。你的任务就是尽可能以包容的态度去倾听，不要做评判，让你们双方的思路更清晰。

注意自己的直觉

在对话过程中，要时刻关注自己身体和情绪的变化，说不定里面就暗藏我们未曾利用的大智慧。可能是某些让你悲伤、不安或者生气的事，可能是对方在特定情况下给出的某个反常回应，又或是过去觉得不合情理的话语，你可能都不曾准确意识到究竟是什么吸引了你的注意。但随着练习的深入，你会有意识地去倾听，并能从中探索到很多信息。紧张、不舒服甚至是好奇，你都应该留意，也许这些感觉背后另有隐情。最简单的处理办法就是直接告诉对方“我想和你确认一下这件事”或“我在想也许……”通过对方的详细回答，你们双方都可对事情有一个更清晰的认识。

直觉和开放的直觉性倾听是我们处理所有关系的有力工具。它们可以帮助我们建立友好关系，加强自我意识，巩固信任，对我们的事业和个人生活产生重要影响。

直觉训练小贴士

多倾听，少给建议。给对方多提一些以“什么”和“如何”开头的开放式问题。这是拓展对话内容和获取直觉信息的最佳方式之一。

Put Your

Intuition

第9章　给直觉放个假

to Work

How to Supercharge Your
Inner Wisdom to Think
Fast and Make Great Decisions

冷静是战胜一切挑战的终极武器，所以请放松自己。

布莱恩特·麦吉尔（Bryant McGill），
《世界和平的善意条约》（*Good Will Treaty for World Peace*）
作者、创始人

我们总是在会议、电话和电子邮件中奔忙，不给自己一点儿休息的时间，但我相信静下来沉思对培养直觉至关重要。就在撰写本章的过程中，我自己对这一点有了更深的体会。当时我已经敲定了这章的开头，把练习和故事也构思完成，但后面我却完全不知道该写什么。只是呆呆地盯着屏幕，把一个句子改来改去，可怕的写作瓶颈!

于是我决定出去走走，一边走一边思考："这一章我还需要写些什么？"围着家附近走了一圈之后，我已经有了好几个成形的、值得探讨的想法（希望你们也能认同）。

如果你觉得不堪重负、遇到瓶颈，这时再逼自己工作只会适得其反，因为你的创意已经枯竭，大脑也无法正常运转。这时无论你怎么努力，直觉都不会来。当你遇到问题却又找不到答案时，出去走走。

办公室附近有没有能让你静下心来的地方？下次需要清醒的时候，可以去那里坐坐。在那里待30分钟获得的启发不会比数小时数据分析得出的答案少。

到那里以后，先散散步，把注意力转移到当下，打开所有的感官，去感受周边的事物——空气的味道，鸟儿的鸣叫，微风的吹拂。慢慢地深呼吸，注意自己的感受。

平静下来之后，思考之前自己烦躁的源头。一边散步，一边把这个源头构思成一个问题，并试图找到答案。

人在放松、开放的状态时比较容易获得直觉。

提出问题。

答案会来的。

让想法“冒”出来

2015年10月，我通过电话采访了乔恩·沙勒（Jon Schallert）。乔恩是一名职业演说家和商业咨询师，主要教授客户开发课程，他这门课程的每年听课人数在数千。他的方法受到很多市政府、旅游地及小企业主的广泛欢迎。

因为工作的关系，乔恩大部分时间都在出差，并且经常在一些没有机场的小城镇之间往返。他说：

每次在小镇间往返时我总能得到很多超棒的想法！我会随身带上纸笔，然后开车的时候把音乐关掉，思考在事业和生活中的下一步我要达到什么样的目标。

好多想法就是在这个过程中冒出来的。“我应该这么做！”“我为什么要那样做？”一旦有了想法，我就停车，把它们一个不落地记下来。

到达目的地后，我会把所有笔记浏览一遍，然后仔细推敲。我认为那些让我感到兴奋、特别吸引我注意的就是直觉给我的指引。我会问自己："这些想法怎么才能立即实施呢？还需要做些什么工作？"我通过这个方法获得的绝佳想法比几个月精于调研、制定战略收获的还要更多。

乔恩还谈到了其他有趣的事时，我采访过的好多人也都谈到过：

现在遇到很难解决的问题时，我已经学会搁置一段时间再去处理。

这里的问题并不是那种经商过程中会遇到的常规问题，而是那些让你感到无从下手的关键问题，一旦处理不当，事情将变得分崩离析。

但我认为这些问题一旦处理得当，定能为全局带来积极转折。这时，一定要按捺住自己的求胜心，耐心等待，新的方向、想法和解决方案总会来的。

乔恩举了一个例子，他和他夫人佩格在科罗拉多州丹佛市有一个很大的房子，但两人都很喜欢越野滑雪，所以一直想搬到山区的一个小房子里去。他说：

我们找到一个非常好的小屋，想买下来。虽然我们没听到什么具体的负面消息，但我俩总觉得不对劲，后来也就没买。

另外，我们也需要在城里购置一所房子，一方面用来做"目标训练营"的教室，另一方面一旦大雪封山，我们也需要一个可以住的地方。

最后，我们找到了一个有140年历史的银行旧址，这个房子当时并没有在市场上销售，但房主愿意卖给我们。这是一个很棒的小公寓，二楼供我和佩格居住，一切都很完美。而且这个房子底蕴深厚，曾接待过好多历史时期的名人。

买下这个房子之后，我们又在山区找到了一个小屋，比上一个还要好。最妙的是，我们购买两处房子的时间简直实现了无缝对接，果然退一步海阔天空。顺其自然有时真的会产生非常奇妙的结果。

找到灵感的源头

我的很多采访对象都有类似的“顺其自然”策略，下面是他们工作时唤醒直觉的方法：

•我订阅了一份电子报，名为“启发你的小句子”。我会把那些话打印出来，贴在我能随时看到的地方，它们时刻提醒我生活的意义。

•每天开始工作之前，我会读一读能启发我的书。

•只要有时间，即使天气不好，我也去旁边的公园吃午饭，要不就在车里吃。每次再回到办公桌，我就感到灵思泉涌。

•工作日时，我会去健身房锻炼半小时，这让我的大脑从一团乱麻中解放出来，在跑步和举重的时候我能想到很多很棒的主意。

•我们公司有一间冥想室，午休的时候我会去那里反思自省，然后再回到工作中时就会觉得很放松，注意力也会比较集中。上午遇到的很多难题也会在冥想的时候得到解决。

•即便我无法从办公室抽身，我也会在办公室里换换地方，比如从办公桌起身，到沙发上坐坐。仅仅这一个小小的改变，也能帮助我清醒头脑、提高工作效率，那个沙发被我称为“灵感沙发”。

•我会把笔记本电脑带到公园，能点燃我创意小宇宙的有时仅仅是景色的改变。

•每周我都会到公司的会议室放空自己。从会议室望出去是一片旷野，长满了野花，这段时间就是我的直觉时间。我会带上笔记本、彩笔和铅笔，在纸上画一画思维导图，通常很快我就会有惊人的收获。

•每天我都会在日程表上圈出一点“直觉时间”，我会利用这宝贵的几分钟眺望着窗外、做做白日梦、放空大脑，让自己从忙碌的工作中平静下来。

在我所做的采访中，“直觉休息”策略中好评最多的居然是打盹。很多的管理层和企业家都承认，通过短暂休息，他们能很快做出决定或者找到解决办法。

睡个能量觉

莎拉·梅德尼克（Sara Mednick）教授是著名的加州拉荷亚市萨克生物研究学院的研究员，她认为即便是只有20分钟的小睡也能起到大作用。ExecutiveStyle网站曾报道说，研究结果显示小睡能够“提高人的反应速度、记忆力和创新力”。

很多公司已经同意员工在办公室小睡，比如谷歌、赫芬顿邮报、美捷步（Zappos）、必胜客和班杰利公司（Ben&Jerry's）。还有一家名为“瞌睡坊”（MetroNaps）的公司专门给各大公司出租休息舱，供员工们休息。这家公司2003年开始运营，目前已经在4个大洲、数十个国家开展业务。

康涅狄格州布里斯托尔市的雅德金属（Yarde Metals Inc.）是一家金属分销公司。这家公司在所有产区都建造了2000平方英尺[①]的“小睡室”，可容纳20名员工同时休息。

据BBC网站2013年2月的报道，有研究显示30%的员工能够在慢慢进入睡眠时想到最有创意的点子。心理学教授理查德·怀斯曼（Richard Wiseman）博士也同意这一点，他认为在工作时打盹是提高工作效率、创新力和专注力的好方式之一。

如果你担心自己睡觉会被人当成是偷懒，那看看下面这些传奇人物都是怎么看待打盹的吧：

•温斯顿·丘吉尔就常在打盹时规划战略会议。2000年1月，纽约时报网站曾引用丘吉尔的原话：“午饭和晚饭之间一定要找时间睡一觉，这一觉非常有必要。通常我会脱掉衣服，躺在床上睡。不要以为睡觉会耽误自己的工作，没有想象力的人才会有这么愚蠢的想法。睡一会儿会让你效率提升，两天的工作有时一天就能完成。这么说可能夸张了点，但完成一天半的是没问题的。”

•美国总统罗纳德·里根和比尔·克林顿也曾因午睡而出名。约翰·肯尼迪也经常趴在桌子上打盹，哪怕每次只有15分钟。

•爱因斯坦也经常在下午小睡，而且多次表示这对提高他的工作效率、获取灵感非常有帮助。

•勃拉姆斯（Brahms）甚至在创作他那著名的《摇篮曲》时趴在钢琴上睡着了。

•电灯的发明者托马斯·爱迪生经常晚上不睡，反而在白天频繁打盹。

---

① 1平方英尺约等于0.0929平方米。——编者注

大卫·丁格斯（David Dinges）博士是宾夕法尼亚大学的睡眠研究员，他是预防性睡眠的积极拥护者。他认为白天补“能量觉”能够缓解睡眠不足的连锁效应。他曾在一篇研究报告中写道，大脑在睡眠不足的情况下会“卡壳”，导致失误和注意力不集中。

詹姆斯·马斯（James Maas）博士是康奈尔大学的一名心理学家，也是《睡出活力》（*Power Sleep*）的作者。他在书中指出，小睡“能够显著增强注意力，帮助人们做出关键抉择”。

有时我们坐在办公室，就是想“趴下休息一会儿”，就像我的幼儿园老师曾经做的那样。当你醒来发现自己脑洞大开、效率骤增，你会感谢自己睡了一觉，唤醒了直觉。

直觉训练小贴士

暂时离开办公室，把自己放空。在面对棘手的问题时，这也不失为快速决策并找到解决方案的办法之一。

直觉训练技巧5：什么才是完美的结果

> 直觉是超越逻辑的存在，它从不走寻常路，总是从问题直接就跳到答案。
>
> **罗伯特·格雷夫斯**（Robert Graves），爱尔兰小说家

无论是人事任命还是企业兼并计划，直觉都可以给你指引。

你所期待的理想结果是什么？

例如，我理想的店面经理候选人应该是：

优秀的领导者	注重细节的人
善于沟通的人	包容多元性的人

然后向内聚焦，列出备选者的名单或者简历，关上门，电话调至静音，闭上眼睛，深呼吸，把焦点放在自己身上。“到底谁是正确的人选呢？”

直觉给出的答案可能是下面这样的：

•理想人选的名字会突然在脑海中出现。

•你对某一个备选人有非常强烈的好感。

•你会有某些身体上的反应，比如觉得自己突然充满了力量，这也是一个积极的信号。

•你就是知道答案。

Put Your

Intuition

第10章　激情的力量

to Work

How to Supercharge Your
Inner Wisdom to Think
Fast and Make Great Decisions

> 激情是酵母，让人的希望熠熠生辉。激情是眼睛里闪耀的光芒，是不自觉摇曳的步伐，是默默握起的拳头，是不可抑制的斗志和执行力。
>
> **亨利·福特，**
> 福特汽车创始人

米歇尔是我的客户，她是一名社交媒体咨询师，并且非常喜欢自己的工作。她也是让人非常羡慕的职场人，因为总有很多潜在客户慕名来听她的演讲，并支付高额预付款以求能与她合作。米歇尔告诉我，她之所以这么成功，直觉起了很大作用：

我对自己感到兴奋的东西通常会很在意。我认为无论是喜悦还是激情都是直觉发出的信号，它让我明白该往何处努力。我想直觉就是我成功的法宝。

直觉甚至比大脑还要快，比如我会问直觉："这个机会要不要了解一下？""这位客户怎样做才能提高业绩？"直觉对这些问题的反馈通常不只是身体上的"感觉"，还有脑子里冒出来的一些短语。

米歇尔又展开说：

我的每一个决策都有直觉的参与。通常我会坐在办公室里舒服的沙发上，关掉手机和电子邮件，准备一沓旧式黄线信纸和一支笔。然后我会在纸最上方写下我的选择或潜在的商业方向，闭上眼睛，在脑海中默念："我需要信息。"

一些小短语和片段的信息就会在脑海中出现。我每天都会与内心对话，但这两者感觉有些不同。有时直觉会告诉我"试试这个"或者"当心那个"。如果运气好，我能瞬间得到一个社交媒体活动策划主题。通常我会选择让我兴奋的那个，而能让我激情澎湃的通常都会大获成功。

举一个我客户公司的例子。为了吸引年轻一代，公司需要改变自己保守刻板的形象。之前，该公司在社交媒体上发布的信息基本都是来自公司首席执行官的数据和营业额等。我按照上述程序询问了我的直觉，然后听到有个声音说："试试卡通画。"其实很多人并不知道，这家公司的老板平常都骑一辆哈雷摩托车，而当时我接收到的画面正是一个骑着摩托车的男子。由此，我想到用这幅画作为公司首席执行官的头像，换掉他原来用作头像的刻板的标准照。一想到这儿，我就莫名地兴奋，当然这还需要他本人的同意。出乎意料的是，这位老板居然也非常喜欢这个点子。更换头像后，不仅是他本人，就连其他管理层都吸粉无数。

什么会吸引你

激情（enthusiasm）一词来源于希腊语词根"entheos"，本意是"内心的神"或"内心的指引"，它的同义词有热情、热心、兴趣、活力或者能量。但是，正如米歇尔说的，激情是判断决策正确与否的重要指标。乔纳斯·索尔克（Jonas Salk）是小儿麻痹症疫苗的发明者，我曾在BrainyQuote网站上看到过他的一句话："每天早上起床，我都会好奇今天直觉又会给我传递些什么，每次一想到这里我就会兴奋，感觉这是上天的馈赠。我的工作有很多依赖于直觉，它就像我的工作伙伴一样。"

面对职场变动、人事决定和客户合作时，我们需要关注自己是否有激情，这里面其实也有一些逻辑可寻。简单来讲，如果某件事让你感到兴奋或充满活力，这是直觉在引领你往这个方向走；反之，如果某个决定让你烦躁、无力，那说明你不应该这样做。

激情也是我们在考虑职业发展方向时一个至关重要的指标。布莱恩是一名人寿保险代理，有30多年的从业经验，并连年被公司评为"十佳代理"。兼具公司赏识、同事尊重、客户爱戴，布莱恩的生活非常美满。

"我的生活已经很美满了，对吧？"布莱恩每天起床都会问自己这个问题。他说："我已经实现了我想要的一切，应该知足了，还求什么呢？"大概一年前在公司的一个颁奖仪式上，布莱恩第一次开始出现不安的感觉。"我已经爬到了事业的巅峰，但总感觉……总感觉不对劲，我甚至还问过医生要不要吃抗抑郁的药。我可是典型的乐观主义者，所有认识我的人都知道，我是一个很积极、开朗的人，就是那种认为杯子半满的人。"

汤姆·查普尔（Tom Chappell）是缅因州汤姆氏的首席执行官和联合创始人，布莱恩曾读过他的《大反转》（*Managing Upside Down*），有一个词给他留下了深刻印象，就是"意图"。

查普尔在书中提到了帮助管理人员实现长远影响的七大“意图”，其中一个是“设想你的命运，用自己的大脑和心灵去想象你的将来”。

布莱恩说他从未想过自己也可以成为生活的创造者。“我做的是自己得心应手的工作，为客户提供高质量服务，收入也很可观。这就是我，一直循规蹈矩，加上运气好，所以过得还不错。但是，现在一切都变了，我开始感到厌倦，激情也已不在。‘设想你的命运’这句话点醒了我，让我开始重新审视自己的价值，也让我开始寻找哪怕能唤醒我一丁点儿激情和活力的事情。”

布莱恩希望自己的自我发现之路能走得快一点儿，于是他找到我，试图通过直觉开启新的事业。当布莱恩开始努力探索新的职业发展方向时，他发现自己有许多才能到了新的领域也一样有用武之地。

我告诉他暂时先不要考虑如何实施的问题，否则只会本末倒置，应该先弄明白自己真正想要什么，然后再去决定怎么做。只有这样，我们才能知道最初诱发我们激情的是什么。“不现实”这个理由不知扼杀了多少萌芽阶段的直觉冲动。

活力值给出的答案

布莱恩在筛选职业选择时，我曾要求他思考下面这些问题。我希望你也可以拿出纸和笔记下自己的答案，这可以帮助你解决包括职业抉择在内的很多问题。无论是人事任命、客户合作还是理解一段晦涩的对话，你都可以试试通过这些答案找到解决办法。

想想自己现在都有哪些备选选择，列出至少6个写在笔记本上。

•哪个或哪些选择能吸引你?

•哪个一下子就抓住了你的眼睛?

•有没有哪个或哪些选择让你觉得烦躁?

•有没有哪一个让你觉得尤其兴奋?

•在这个过程中，你有没有感到内心的回应?(身体上的感觉也是直觉的一种。)

•哪一部分让你觉得最有激情?这就是你应该努力的方向。

下面是布莱恩的备选选择，我们就以此为例看看这个过程是怎样操作的。

1．继续做现在的工作直至退休。(活力值0，只会让我想睡觉。)

2．在当地学院学一些心理学或类似学科的课程。(活力值4，还不够高。)

3．放一年假，希望在假期结束时，我能找到方向。(这样我会有很大的心理负担，而且估计会把妻子逼疯。)

4．将现在的工作转为兼职，利用剩下的时间去做销售培训。(活力值飙升！)

5．试着去做一名人生导师，帮助其他从业者探索职业转变。(这个在10分范围内，活力值为5，但我不太擅长和别人聊天，而且我不够有耐心。)

6．尝试加入全国演说家协会或者“国际演讲会”组织，做全职培训师或销售顾问。(让我非常兴奋。)

布莱恩又仔细研究了这几个选择，找妻子和几个信得过的朋友商量了一下，最终他决定选择活力值较高的销售培训进行创业。一是这个选项的活力值在4~6之间，二是他并不想完全放弃现在的工作。幸运的是，经过协商，公司也同意将他转为兼职人员，这样布莱恩既不用面临零收入的窘境，同时这样的工作结构也让他觉得比较舒服。

课程结束几个月后，我收到了布莱恩的邮件，上面写道：“活力值给出的答案真的很对！这一个月，我就签下了4个销售培训合同。回到正轨的感觉真是太棒了，生意真的会自己送上门！”

想要得到活力值给出的答案，首先你要找一段不会被打扰的时间和一个安静、舒适的场所，放松下来，不要说话，让自己的思绪平静下来。这个过程时间长一点儿也没关系，10分钟或者20分钟都可以。一旦静下心来，你就开始问自己这些问题：

- 我想要什么？
- 现在能让我兴奋的是什么？
- 下一步应该怎么做？

你也可以自己编些问题，然后听听直觉说些什么，感受一下内心的波动，就这样去接受直觉传达给你的智慧。之后，让答案慢慢浮出水面，也许你瞬间就能得到启发，也许你还感到纠结，需要时间去理顺，你可以一遍一遍地重复这个过程。下面是一些可以问的问题：

- 我会为什么而开心？什么会让我有激情？
- 我期待什么样的项目？什么活动能让赖床的我瞬间从床上跳起来？
- 什么工作既让我觉得有激情，同时还能帮到别人？我能帮助身边的人实现他们的目标吗？

• 可以促使我改变的契机出现了吗？

• 我独特的才能在新的领域能有所施展吗？它能让我脱颖而出吗？对此我会感到兴奋吗？

继续前行

每个人都是独一无二的个体，倾听自己的内心，并参与到自己的生活中去。需要你自己扮演的角色，任何人都替代不了。如果你选择的路是对的，你会发现所有瞬间都是美好的，你甚至不敢相信自己居然用了那么久才决定改变。但凡改变皆需勇气，但只有行动才能帮助你建立信心。

所以想创业就去创业，想写作就去写，想旅行就抓紧出发，想做什么就去做。你会发现，世界的大门将为你敞开！向着能让自己充满快乐和活力的事情出发，就这么一直走下去，凭直觉去实现一切！

直觉训练小贴士

做决定时，先写下备选选择，然后审视这些选择，看自己会做何反应。哪些选项“活力值高”，哪些又让你觉得释然、轻松或是好奇？

直觉训练技巧6：水滴石穿

> 任何一个目标都要经过思考、面对和行动这三步。
>
> **吉姆·罗恩**（Jim Rohn），
> 作家、企业家及励志演说家

当你意识到自己选择了错误的方向时，你面临“下一步怎么办”。大部分人在明确目标前，不会擅自行动。我接到过很多类似的咨询电话，毕竟人们处于进退两难的境地时都会感到纠结。

我相信，直觉不仅可以告诉你，你选择的路是错的，它还能给你提供很多线索，帮你回到正轨上来。

你喜欢做的事有哪些？做一个计划，每天至少做一件。体会这件事带给你的快乐，这是直觉传达给你的信号，它在告诉你如何才能回到正轨。也许你现在不明白这件事和回到正轨有什么关系，但既然它能让你快乐，也不会让你因此失去些什么，那么做一做也无妨。注意，如果你有了兴奋感，一定要弄明白自己为什么兴奋，这就是一个值得探究下去的线索。

把关注点放在你的目标上。人们在经历类似项目失败或者失业等挫折时，会非常容易陷在过去走不出来。这种情绪通常只会白白消耗我们的能量，让我们越来越消沉。这时，如果你还没有清晰的目标，那就把关注点放在你已经知道的事情上，比如“我想找一份有自主权的工作”“我希望能重新找回对工作的激情”或者“我希望能有清晰的方向”。在你明白自己想要什么之后，直觉就开始为你提供指引，帮助你得到你想要的。

每天进步一点点。人在处于生活过渡期时，会感到迷茫、不知所措。这时，你没必要去设定一个大目标，先从小处着手。首先弄清楚自己想做什么——体现到日常生活中应该怎样实现呢？

- 报一个兴趣班或加入兴趣小组 / 协会。
- 读一本有针对性的书。
- 你对哪种工作比较好奇，找一个做这份工作的人聊聊。
- 找一个和你有相似疑惑的人聊聊。
- 和有正能量的人出去走走。
- 度假（记得带上你的直觉日志）。
- 找一个能对你提出宝贵建议的人一起吃午饭。
- 主动去做一些你喜欢做的事。

这些事有的对你管用，有的对你不管用。如果一个不适合你，那就换另一个，毕竟成功之路总是在迂回曲折后发现的。

要培养自己积极阳光的态度，坚信成功就在前方等你，发挥自己的想象力去勾勒理想生活的样子。

迈克尔·安吉尔（Michael Angier）曾说过：“成功的一天是：学到新知识，至少开怀大笑10次，帮助别人，距离实现梦想又近了一步，耐心平静，做利人利己之事，心怀感恩。”（摘自GreatThoughtsTreasury.com）

Put Your

Intuition

第11章　是恐惧还是直觉

to Work

How to Supercharge Your
Inner Wisdom to Think
Fast and Make Great Decisions

> 你想要的答案、你追寻的方向和你随心所欲的力量其实都蕴藏在你的身体里。你的梦想，哪怕少了一丁点儿你的奇思妙想，都不会是你的梦想。它们的存在就是为了证明你的天赋。人们的内心里蕴含着真正的力量，而梦想就是你内心的诱惑。当你决定将梦想公之于众时，你需要挑战自己的极限和恐惧。相信自己，听从内心的声音。你有天赋，你知道应该怎么做，你一定会实现所有的梦想。
>
> **迈克·杜利**（Mike Dooley），
> 《宇宙来信》（*Notes From the Universe*）作者

米切是安妮的老板。周五下午，安妮正要出公司门，米切冲她招招手说："安妮，下周一一早来找我一趟，我有事要跟你谈。"安妮也冲米切招了招手，答应了他。安妮上车点火后，突然觉得非常不安：米切要跟我谈什么？难道我最近又犯错误了？如果他要炒我鱿鱼，那应该今天就告诉我，不会等到周一早上吧？难道是我最近那份商业企划案有问题，他不喜欢？安妮的脑袋瞬间就大了，整个周末，她都在担心这件事。

周一一早，安妮就去了米切的办公室。米切非常热情地跟她打招呼，高兴地介绍说公司打算新设立一个业务部门，希望安妮能够做这个部门的主管。两人就这个职位谈了半小时，米切耐心回答了安妮提出的所有问题，问她是否感兴趣。最后米切决定给安妮一天的考虑时间，让安妮周二再来找他，随后米切便离开去参加另一个会议了。

离开米切办公室后，安妮的心里充满了不安。她说：

我感觉米切已经十分肯定我就是正确的人选，但是我真的能够做到吗？到时候我会面临很大的压力，大家肯定都在期待我能在短时间内就把这个部门组建起来并实现盈利。问题是我能招到合适的人员吗？我有这个能力吗？我越想越觉得我的直觉在告诉我，做主管并不是一个好的决定。我已经无法区分这是我的直觉、我的恐惧抑或只是负面的自我对话，它们一下子交织在一起，于是我决定做一下直觉咨询。

踏出舒适区时感到恐惧是很正常的

安妮的忧虑是很典型的。那怎么才能判定这是你自己吓自己，还是你的直觉告诉你要远离某件事呢？我在给商界人士做直觉培训时，被问到最多的就是这个问题，下面就是我区分它们的方法。

是什么让你感到恐惧

拿出笔和本把它写下来，不要想太多，让它自然地流泻到笔端。最坏的情境可能就在这一页纸上了。用白纸黑字呈现的方式能帮你用理性去审视它，用直觉去直观感受它。

你的典型恐惧有哪些

这一小节的题目也可以换成“了解自己”。想想过去你都做过哪些重大决定，比如搬家、换工作、结婚、离婚或者换专业。找一张纸，把下面这些问题的答案写下来：你是怎么做出这个决定的？你担心或者关心的事有哪些？里面有没有你现在正在经历的？你从这个决定中学到了什么？你对这个决定带来的结果满意吗？在整个决策过程中，哪些因素对你帮助比较大？哪一部分又是你希望可以改变的？

评估

你会发现很多答案都是和未来有关的。“万一这个发生了，怎么办？”“如果那个发生了，怎么办？”杞人忧天就是这个道理（毕竟谁都没有预言水晶球）。一旦你把这些问题和担心写在纸上，你就有选择了。比如通过搜集更多的信息，你也许会发现你所担心的事根本不会发生，或者即便发生了也没那么严重。即使它一定会带来一些不好的结果，我们能不能坦然接受，或者通过努力来降低它的负面影响呢？

* * *

通过谈话，安妮发现她在做决策时，总是会首先考虑不好的结果。她会设想各种各样不好的结果，并告诉自己这些事真的可能会发生。久而久之，她就被恐惧麻痹了，变得愈加优柔寡断。和别人聊一聊自己的担心，把担心的事写到纸上，能帮助她缓解这种情绪。然后，她就能看清这些恐惧和担心本来的样子。

安妮还发现自己这种负面决策方式也不是一点儿好处都没有，事前考虑到不好的结果也能让她提前准备应对方案。同时，安妮也意识到，如果她把所有恐惧都当真的话，自己将永远无法做出对事业和生活有利的决定。

在安妮的案例中，她有很多担心是正常的。自己能找到足够的员工和资源吗？我们要给新部门制定什么样的目标？这些目标实际吗？工作内容是什么？自己有这个能力吗？安妮把这些问题写在纸上，经过谨慎思考，她觉得目前自己无法得到答案，很多细节还需要她和米切再谈一谈。安妮告诉我，当时她在思考这些问题时，其实也得到了一些答案，只不过这些答案都是负面的，所以她才会感到害怕。

第二天，她与米切见了面，并将要谈的问题列了清单。两人为每一个问题都研究了一个相应的行动方案，这次会面非常愉快。安妮的恐惧情绪消失了，取而代之的是自信。后来她告诉我，她接受了那个职位，而且一切进展顺利。她非常庆幸自己当时没有向内心的恐惧妥协，而是选择跟随直觉。

准确的信息看起来什么样，感觉起来什么样

你会感到豁然开朗。

身体会感到很舒服，尤其是肠胃和胸部。

这条信息能满足你的好奇心和求知欲。

所有直觉信息都应该是温和友善的。

直觉会给你一条客观的信息："是的，这就是正确的方向。"

在踏出自己的舒适区后，你可能仍会感到冥冥之中有人在指引你一步步接近目标。

如果只是恐惧而非直觉，你的感觉是什么样的

你会感到非常紧张、非常兴奋或者过度情绪化。

你会听到内心在批评你或者贬低你——"你不够优秀！""这

次一定会失败。”

你会在做与不做之间来回摇摆，无法得出令你自己内心认同的抉择。

这个抉择能反映出你的不自信或者其他心理创伤。

你会感到心神不定，无力去执行这个决定。

如果是直觉而非恐惧，你的感觉又是什么样的

我拿一个自己实际生活中的例子给大家讲一下。新书在出版后要想卖得好，要从两方面入手：一是这本书本身要好，这样人们才愿意读；二是做好营销，让更多人知道这本书。

《绝妙直觉》（*Divine Intuition*）第一版出版后不久，我接到了一位顶尖杂志记者的电话。当时她正在着手写一篇有关直觉的文章，所以想采访我。天啊，这是多好的机会，我的书很有可能被几十万名读者知道！我的出版商也会很高兴，我仿佛看到未来版本封皮上的“畅销书”三个字在向我挥手。

但是，每次需要我打电话预约采访时，我就会胃痛、心慌、情绪低落，每次都做不到。我坐在那儿沉思，然后问自己：“我要接受这次采访吗？”可无论是身体感觉还是内心回应，答案都是：不要。我的大脑非常理智，它明白这次采访对这本书的重要性，所以一直在与这个答案做斗争。

我再一次问自己：我是害怕她会问到某些问题吗？我现在的负面情绪是合情合理的吗？这次采访是否处于我的舒适区之外，所以我才会感到不舒服？但这些问题并没有改变我的想法，我想自己需要搜集更多信息。

我决定给记者打电话，简单询问一些采访重点和文章论调方

面的问题。她告诉我那篇文章会谈到直觉的两面性，是一篇内容比较积极、启发性较强的文章。电话打到一半的时候，我再次感到恐惧充满全身，我强烈感到自己不应该接受她的采访。于是，我告诉她："我的直觉告诉我，我不是您写这篇文章应该采访的对象。"这位记者试图说服我，我再次重申我的观点后便结束了这次对话。

几个月后，我看到那篇文章，标题居然是"怀疑论者认为直觉是无稽之谈"（Skeptics Say Intuition Is Nonsense）。文章把直觉描绘成了某种当代迷信，虽然引用了直觉领域不少专家的言论，却断章取义，故意抹黑他们。这篇文章和我的预期大相径庭，我非常庆幸直觉给了我预警。

警示信息

有时，直觉也会通过让你感到恐惧信息来警示你。加文·德·贝克尔（Gavin de Becker）是一名危险分析专家，他曾写过一本名为《求生之书》（*The Gift of Fear*）的书。2010年今日心理学网站（PsychologyToday.com）曾刊登过他的一篇文章，其中有这样一句话："我们在危险到来之前都会收到信号。危险之前所发生的一系列事情都可以被称为事前指示。"

由于文化因素，女性总会要求自己"懂礼貌"。这导致女性在很多情况下不得不压抑自己的直觉。德·贝克尔举了一个女士等电梯的例子。电梯门打开之后，有一名男士和她一起走进电梯。这时，我们的大脑会下意识地对当前情境进行一番快速分析，这位男士穿了什么样的衣服，他有什么举动，他打招呼的方式（或者没打招呼），等等。这时，这名女士已经获得了很多潜意识信息，而且其中某些点已经让这位女士嗅到了空气中的危险信号。为了不显得无礼，这位女士并没有下电梯，但等到这位男士掏出枪的时候，一切已经太晚了。

德·贝克尔提醒女性一定要注意自己这种“怪异的感觉”。在那篇文章中，他还表示：“我们一直在尝试分析这些预警信号。”他希望人们能够重视“这种预警信号到来时的感觉，也许你会找各种理由解释这种感觉，但是这种感觉本身便是一种提醒”。

在《求生之书》中，德·贝克尔认为，危机处理依赖于直觉敏感性。所谓不寒而栗或者是大脑部分感知到恐惧其实都来源于你对危险的察觉。所以下次当你走进办公室，发现本来应该锁起来的门并没有被锁着，那你就应该警惕了。或者有人邀请你在晚上到一个偏僻的地方参加一个工作面试，如果你已经觉得有问题了，那就一定要遵从自己的感觉。毕竟，正如德·贝克尔所说，有时相信自己的直觉是可以救命的。

直觉训练小贴士

回想自己做过的每一个重大的人生决定，哪些因素帮助你做出了正确的决定？即便有时你不得不走出自己的舒适区，你是怎么知道这个决定是对的呢？

Put Your

Intuition

第12章　工作的至高力量

to Work

How to Supercharge Your
Inner Wisdom to Think
Fast and Make Great Decisions

> 听我说。你不要作声，我便将智慧教你。
>
> **《旧约·约伯记》33：33**

直觉就像内心的指南针，为我们指引方向。它是一种智慧，于无形之中给予我们指导，推动世界发展。遵从直觉，我们便能拥有成功的事业和幸福的人生。

我经常开玩笑说，如果所有人都能带着一本世界使用说明书来到世上那该多好，我们只需要遵循这本说明书，一步一步操作，便能拥有美满幸福的人生和成功的事业。这么多年，我越来越觉得我们其实的确接收到了很多指引，那就是直觉传递给我们的智慧。

幸运的是，我们都有能力去开发直觉，有能力把它的智慧运用到日常生活中去，并通过直觉找到并实现人生目标。即使现在很多人认同直觉是一种人人都可以开发的天生的技能，而非某种罕见、偶发的能力，但还是有人认为只有少数天赋异禀的人才拥有直觉。

在工作中学会相信直觉，不仅仅要求你注意直觉，还要求你窥探内心寻找答案，带着勇气、信念、耐心以及信仰去生活。它还包括通过每天练习如何与你的内心沟通，如何用你所获得的信息去指导行动。

坚定而平静的内心声音

我个人相信世间存在聪明、有爱又有创造力的智慧，我们都是其中的一部分。它为我们提供思路和启发，把所有人联系在一起。我采访过的很多人也表示，他们能强烈地感受到自己的直觉来自于内心，认为直觉并不仅仅是某种对潜意识信息的模式识别。他们更愿意将直觉比作第六感或者是内心中那个坚定平静、可以让人升华自我的声音。

每个人对这一“无形智慧”的描述都是不一样的，叫法也有很多种：内心的智慧、普世智慧、精神自我或者高级意识。

一个想法突然就在脑袋里冒出来，某个能给你答案的人毫无征兆地就来到了你的办公室，或者你无意间打开广播，结果就听到了你需要的答案。工作时通过与内心对话来获得指引是一种简单易行的方法。狄博士是一名医学博士，也是加州的一名妇产科执业医师。她坚信这样做是有用的，并表示自己通过与内心对话所获得的答案曾拯救过许多患者的生命。狄博士治疗过很多高危病患，而且很多情况还需要她在短时间内做出生死抉择。狄博士获取直觉答案的方式比较特别。她听到的声音是一个非常低沉有力的男声，而且这个声音似乎是从她的右肩膀后面发出的。

狄博士说：

最近我做了一台剖宫产手术，产妇非常健康，这已经是她的第四胎了。整个手术就是一台常规的剖宫产手术，而且进展非常顺利。突然，我听到一个声音说：“去拿血！”这毫无逻辑，因为产妇并没有任何问题，根本不需要血。但是，我已经非常相信这个声音了，因为它总是很准，有时我甚至不知道如果没有它的指引，我还能不能做一个好大夫。

所以我立即让手术室护士去验血并准备4单位的红细胞，同时融化一些冰冻血浆。和我一起手术的护士也知道我凭直觉工作的风格（很多护士都很尊重我这种风格，因此，她们好多人愿意选我做她们的大夫），所以她没有质疑我，而是马上联系了血库。反倒是麻醉师大声质疑我："手术很顺利，产妇非常稳定，我们不需要血。你怎么了？"他命令护士不许备血。

幸好那位护士没有听他的，立即备了血。大概15分钟后，产妇出现大出血。血从她身体涌出来，溅得我身上和地板上都是。好在当时血液配型已经基本结束，产妇可以马上进行输血，她才得救。

紧急直觉

狄博士的内心声音还挽救过另外两个人的生命：

有一次，一名怀孕28周的产妇被送到急诊室，我被叫去会诊。当时产妇发着高烧，一直在打寒战。急诊室的大夫、内科大夫以及传染科大夫对产妇进行了全面评估，都不知道该如何诊治。我走进病房时，就听到内心那个声音冷静地说："她得的是疟疾。"要知道，美国早在1951年就宣布已经根除了疟疾，自那以后，只有南部几个州偶然发生过几起。当时，我们必须立刻检测病人是否感染了疟疾，尽快确定治疗方案，防止疟疾的进一步扩散。

当我告诉急诊大夫病人得的是疟疾时，他大笑起来，还说只有妇产科大夫才会傻到以为那是疟疾。不过他还是进行了血液检测，结果证实病人得的就是疟疾，于是我们立刻采取了针对疟疾的一系列治疗。

另一位病人是一个16岁的小姑娘，当时她刚刚通过手术摘除了一个很大的卵巢肿瘤：

这位病人术后恢复很好，4天后就出院了。结果没过几天，她感到腹部剧痛，又被送到了急诊室。急诊大夫对她进行了一系列检查，发现“没有任何异常”，开了一些消炎药就让她回家了。两天之后，病人又因为腹部疼痛来到急诊室，结果还是一样。第四天，这位病人来我的办公室，我的护士看到她后便给我打了电话。我告诉护士立即让病人住院，并做进一步细致的检查直至确诊。

走进小姑娘病房前，我听到内心的声音在说：“她得的是坏死性筋膜炎。”坏死性筋膜炎俗称“食肉菌”感染，是一种罕见的传染病，会导致皮肤、皮下组织以及筋膜坏死，严重时可威胁病人生命，致死率高达73%。这种病发展快，所以我们必须尽快确诊并给予治疗，否则小姑娘性命不保。

当时我以及所有大夫都没接诊过类似病例，这种病非常罕见，125万儿童中只有1人会患此病。

所以我立即给传染科大夫打电话，请他过来帮忙。我将自己的判断告诉他之后，这位大夫又对小姑娘进行了详细的检查，结果他认为我没必要大惊小怪，小姑娘“只是感染了葡萄球菌”，如果3~4天后仍没有改善，他再给她调整抗生素。我简直要抓狂了，因为我知道病人如果无法得到尽快治疗的话很快就会死去。于是我又给另外一名外科住院医生打了电话，告诉她有一名病人可能得了坏死性筋膜炎，希望她尽快赶过来。

外科大夫来了之后，先为小姑娘进行了仔细检查，当时她腹部已经出现了一个很大的黑色水疱。不到15分钟，小姑娘被推进了手术室，医生要对她的腹壁进行大面积的清创手术。她在重症监护室待了4个月，经历了数次手术和输血，大夫用了大量抗生素才使她活了下来。幸运的是，小姑娘最后康复了。

如何与这种智慧建立联系

梅·麦卡锡（May McCarthy）在建立这种联系方面有独特的方法。她年仅32岁，却已经创立了6家公司，而且都非常成功，最大的一家年销售额超过1亿美元。她将自己的成功归因于一个习惯，并为之写了一本书，名为《财富之路：精神7步》（*The Path to Wealth*：*Seven Spiritual Steps for Financial Abundance*）。

现在的梅是一名演说家和天使投资人。她说自己的事业多亏了一位顾问的帮忙，这位顾问被她称为“首席精神官”（Chief Spiritual Officer，简称CSO），因为这位顾问简直无所不知，而且神通广大。其他人可能对这位顾问有不同的称呼，比如终极智慧、精神、真理或者宇宙。

梅说：

我身边有很多首席这官、首席那官，像首席财务官、首席信息官以及首席执行官，我也很重视他们的建议。但我最依赖的还是我的首席精神官，它能为我所有的业务提供最有用的建议，所以我把它看得最重，每天要和它见面。

每位成功的商业领袖都明白，想要保证企业的活力和高盈利，我们需要经常与公司高层就日常规划及公司目标进行沟通。每天早晨我都会腾出时间与我的首席精神官进行座谈，整个过程就是所谓的精神7步：

日期：________

我和首席精神官参会。

第一步：先读一些可以提振精神的文章，让自己进入一个积极的情绪。

第二步：给首席精神官写一封信，表达自己的感激。我会写那些令我感激的事情和我希望进一步做到的事情，就好像我已经做到了一样。（我有一个笔记本，专门用来写这种信。）

第三步：饱含感情地把这封信朗读出来。

第四步：我想象并思考我想得到的东西，同时心存感激，仿佛我的期望已经应验。之后我集中精力思考下面两个问题：如果我现在已经得到了我想要的，我会是什么感觉？有了这些东西，我的生活会是什么样的？

一般在这一步，我的精神官就会给我一些启示，我会把这些启示记下来，在会后想办法实施。即便我在这一步没有获得任何启发，也没关系，因为我知道在接下来的过程中肯定会有的。

下面这三步会在当天晚些时候进行。

第五步：接下来一整天我都会留心直觉给我的信号或者指引，无论是预感、灵感还是其他别的线索，我都会遵从，并把它们记在笔记本上。

第六步：一旦有好结果，我就会庆祝并向精神官道谢。我会给朋友或同事打电话、发短信通知这个好结果，并记在笔记本上。

第七步：晚上准备睡觉时，我会就今天发生的一切向精神官道谢。并会原谅过去和现在所有不好的人和事，包括原谅自己。

梅解释说精神官给她的直觉或信号有时是灵光一现，有时是一种冲动，有时是她特别想读的一本书或一篇文章，有时是内心的一个声音。一闪而过的灵光可以是一个画面或者一个想法，这些总是毫无征兆地突然就冒出来。她说："我经常感觉到自己身体中央有一种感觉，它就在那里酝酿，期间你会感到一些情绪变化。"

有一次，晚上9点多，梅强烈感觉到自己必须要去一家很偏远的超市，但其实她并没有想买的东西。出于对自己直觉的信任，她还是去了。走进那家超市时，她正巧遇到一个人正要出门，这个人正是她的一个潜在客户。结果在谈话间，这个客户就邀请梅去他的公司做一下营销方案展示，就这样梅最终签下了一份价值超过40万美元的合约。

梅表示在与首席精神官合作的过程中，你自己也要有非常清晰的定位和职责。你要负责弄清楚自己的需求，首席精神官负责为你想办法，一步步地指引你实现目标。你需要做的仅仅是按照它的指示，一步做完就请它再给你下一步的指示，就这么简单。

直觉训练小贴士

人在冷静的时候，直觉最准。想想自己的目标，然后做一些事让心情平静下来，比如出去散步、冥想、离开办公桌或者深呼吸。你的直觉告诉你什么了？

Put Your

Intuition

第13章　学会在变化中成长

to Work

How to Supercharge Your
Inner Wisdom to Think
Fast and Make Great Decisions

> 汉语里的“危机”包含两层意思：危即危险，机为机遇。
>
> **约翰·肯尼迪**

每个人都有过这样的经历。即使我们怀着对生活最美好的憧憬，生活也总是压力重重。比如，为了拿下一个大客户，你精心准备了展示方案，结果就在你要踏进会议室的一瞬间，你接到电话说你刚刚发生了一件与你相关的令人烦心的事。

又比如，公司要推出新产品，一切宣传工作都已就绪。这个新产品已经研发了数年，发布会召开过了，媒体关注度也很高，所有员工也都已经准备好，订单开始像雪片一样飞来，结果你却发现产品在制作过程中存在问题。这就是史蒂夫的亲身经历，当时他是一家个人护理产品公司的首席执行官。

我们已经完成了样品的制作工作，检验结果非常好。这个产品用了一项非常前沿的创新技术，当时的市场还没有类似产品。上架一个月时，不论是顾客还是业界都是好评如潮，但事情突然发生了变化。我们的客服热线接到很多顾客的电话，说这个产品有问题。

我立即召集研发小组到办公室开紧急会议，结果他们也是一头雾水，还以为我已经弄明白了事情的原委。说实话，当时我都懵了，完全不知道该从哪里入手。于是，我先找来公关总监，我们草拟了一份声明，给了最开始报道产品问题的媒体。时间一点点过去，我还是没有找到一点儿线索，我觉得此时的自己特别无力。

最后，我决定按照之前的方法试一试。我关上门，让助理把找我的电话挂掉，坐下来，把脚放在办公桌上。几年前，我曾经学习过一些直觉课程，从那以后，我就越发地相信直觉了。现在无论是个人还是事业上遇到麻烦，我都会依赖直觉去寻找答案。显然，这次我也要寻求直觉的帮助。

在我不知所措的时候，我会选择与内心对话，让自己冷静下来。我明白答案其实就在我心里，它们会通过直觉来到我身边，我不能着急，否则只会把它们吓跑。我经常通过冥想和记录梦境的方式来接近它们。

我决定把所有的情绪一下子全发泄出来，于是我的痛苦、困惑、害怕和不安全部涌了上来，我尝试不去反抗任何事情。最终，我的心终于平静下来，这时我问了一个简单的问题："现在我最应该做什么？"

这次我感受到的直觉大部分都是视觉化的，有很多画面和象征性符号。在我问了这个问题后，我的脑海中就浮现了一组幻灯片。上面先出现了一个数字2，接着我看到有一个人拿着两个我们的产品，之后我注意到这两个产品有些许不同，但我并不知道这是什么意思。

这3张幻灯片就在我眼前重复播放，我又问："下一步该怎么做？”这一次我并没有看到任何东西，而是听到一个人说：“去找乔谈谈。”我认识很多叫乔的人，但我最先想到的就是我们产品生产工厂的联系人。

后来的事情证实了我的直觉。我给乔打电话后得知，他们为了保证产品供应充足，擅自复制了我们产品的模具。他们以为这是在给我们帮忙，结果复制品和原产品在规格上还是差了一点儿。虽然只有一点儿，但足以导致产品出现问题。

更多的细节我就不赘述了。几个月后，我们的问题解决了，产品也获得了成功。我要感谢我的直觉。没有直觉，我都不知道我们会面临怎样的处境。

定格

加州博尔德克里克心数研究所（The HeartMath Institute）研发出了一项非常好的技巧——定格技巧。前面我们分享过罗伯特的案例，确实有时我们的不安情绪会把所有直觉信息和启发挡在门外，这时我们就会需要定格技巧。

多克·奇尔德（Doc Childre）是这个项目的发起人和《心数解决方案》（*The HeartMath Solution*）一书的作者。麦考瑞研究所网站（Macquarie Institute Website）曾引用过他的解释：

人在做好内心管理（心态平衡、自控、精力充沛）时，他能做出的贡献是最大的。这时，人会主动地有所作为，而非被动地反应，他的创新能力和沟通能力也会比较出色。即便在高压之下，也能应对自如。他往往还能做出正确的决策，领导方面的才能也会显现出来。如果所有工作人员都能做好内心管理，那他们的工作表现就会到达峰值，公司也会实现好的业绩。

如果下次你遇到危机、感到不安却不知道该怎么做，请用下面的方法试试。

•承认自己的不安，并将其定格。换句话说，就是忽略时间的流动。比如，将自己的问题定格为一个画面，而不是动态的电影。不要再就这个问题进行自我谈话了。

•别再去关注自己的纠结和不安，将注意力转移到其他地方。想象自己的呼吸穿过心脏，聚焦自己的能量10秒以上。

•调动起积极情绪来，你可以回忆自己曾经快乐的时光，让这样的情绪待久一点儿。

现在，运用你的直觉，问问你的内心：如何才能更有效地处理这种情况？这个问题可以把你的压力降到最小。

听听你的内心是怎么回答的。这个方法可以帮助你感应自己的情绪和想法，这种感觉就像自己心里存在一个智慧的源泉。

有时你可能会什么也没听到，即便这样，也请你保持镇定。有时直觉会肯定你已有的认知，有时它又会颠覆你的观点——如果是这样，那你就可以对问题有更全面的认识。也许你无法控制问题的发展，但至少你可以控制自己对问题的认识和反应。

心数研究所教授的技巧不仅限于定格，他们还开发了很多软件和前沿产品。该所的临床研究表明，情绪、心脏功能及认知能力三者之间存在重要联系。他们还将研究项目应用到实际案例中，结果研究对象的领导力、营销有效性、客户服务、员工忠诚度、成本节约率、健康情况等各方面都得到了显著提高。

直觉会通过各种方式与你沟通

肯是一名电气系统工程师，他目前受雇于一家生产销售商用卫星的公司，公司服务的客户包括DirectTV（美国最大的卫星电视运营商）、XM卫星广播、天狼星（Sirius）卫星广播以及艾科思达（EchoStar，美国卫星电视运营商）。肯的工作比较繁杂，不仅对时间敏感性要求高，同时还需要他能灵活应对。他跟我们分享了一个他最近的直觉案例：

最近我们一直在做一个通信卫星的荷载配置设计，结果客户突然要求更改荷载，这意味着128个电气接线要重新接。普通卫星从一开始设计到建造再到测试大概要花3年时间，时间越往后更改起来越麻烦，花费也越高。

接到客户更改要求大概一小时以后，我告诉项目经理（我老板）我有一个办法，只需要更改16个电气接线。但同时我认为还有更好的解决办法，只不过当时还没有想到，我有预感我一定能找到。

老板一听只需更改16个电气接线就非常满意了，于是完全忽略了我后面说的话。但是就在那天晚些时候，我发现我们只需要拔掉一根接线，然后在中间插一个继电器就可以解决那个问题。我把这个解决方案告诉了客户，他非常吃惊。这一次，我真的被自己的直觉惊到了。之前就在所有人都以为问题已经得到解决的时候，我的直觉却告诉我这个问题并没有解决，而且我自己对此居然深信不疑，否则我也不会在完全没有头绪的时候就把这个信息透露给我的老板。因为这件事，我成了公司的问题终结者，同事们都夸我聪明。只有我知道自己的聪明是因为我遵从并践行了自己的直觉。

那肯是如何接收到直觉传达的信息，为客户省下数万美元的呢？他说：

我觉得最重要的就是要多留心自己的身体和思维释放的信号。有时我能隐隐听到一个声音，有时我就是知道该那样做，有时候我会有预感该往哪个方向走。如果你不注意“听”，这些微弱的信号是很容易被忽略的。留心并相信这些信息不仅帮助我与直觉沟通，同时也让我活在当下，充分地去体验生活。

指引一直都在

这些故事并不是个例，我曾听到数百个类似的故事：化危机为成功的传奇，主人公听从直觉从而完美收官的故事，等等。

莉萨·兰金（Lissa Rankin）是一名医学博士，她最近新出版了一本名为《解剖内心的召唤》（*The Anatomy of a Calling*）的书，我特别喜欢其中一段：“受我们文化影响，人在缺乏安全感时总是会急躁。我们对自己失去了耐心，再加上别人的催促，我们会逼自己去做这做那。”所以相信直觉有时是需要勇气的，特别是当别人在旁边指手画脚，我们的理性思维不断介入的时候。给自己一点儿时间去思考，让自己的心灵平静下来，去倾听、感受生活的律动，这才是直觉的真谛。相信直觉，它会给你各个方面的指引。

如何知道自己已经步入正轨

在盖伊·亨德里克斯（Gay Hendricks）博士和凯特·鲁德曼（Kate Ludeman）合著的《企业神话》（*The Corporate Mystic*）中说：“直觉之所以如此重要，主要是因为：它明确表明你与你的内在精神体系是相通的。直觉就是内在精神世界发出的直接信号，它就是你内心的向导。”

这一内在指导体系并不复杂。简单说，如果你感觉很好，所有问题迎刃而解，生活顺风顺水，这就是你的直觉在给你释放信号，无论你现在在做什么，继续做下去就好了。反之，如果事情不顺利，你遇到很多问题，感觉很难受，这就是直觉在告诉你，你应该做一些改变了。

下面是一个清单，快对照一下看看自己的生活是否处于正轨：

1．我很享受现在的生活和工作。

2．我与朋友、同事和家人关系紧密。

3．我为自己的成就感到自豪。

4．顺其自然，结果该发生的都发生了，生活其实很简单。

5．我会用我的产品、服务或者仅仅是用我自己的事例来帮助别人。

6．我很自信。

7．我的工作需要创新力，很有挑战性。

8．如果一个办法不可行，我很愿意尝试别的。

9．我听从自己的直觉，我认为它充满了智慧。

10．机会的大门似乎自己就打开了。

11．人们对我和我的工作都比较认可。

12．我喜欢现在的工作。

13．每天早晨起床我都对新的一天充满了期待。

14．我做什么都希望做到最好。

15．我把工作和生活平衡得很好。

16. 我对未来充满信心。

17. 我晚上睡得很香。

18. 我会空出时间天马行空地想象，或者发展自己的爱好。

如果你有5条或更多符合的话，那说明你正在生活的正轨上。你不必每时每刻都有以上所有的体验，哪怕你有一刻是那样的，这就是你的直觉在拍着你的背，告诉你继续这样做下去吧！

如果你正面临抉择，无论是新工程、新工作、新任务还是新方向，问问你的直觉。

下面是两个问题：

1. 这件事是我现在就想做的吗？

2. 想到要做这件事，我会感到振奋吗？

直觉会告诉你正确答案，而且你并不需要思考很多就能得到这个答案。如果你觉得自己应该做或者有义务做，那么就请等一等。你可以告诉直觉：“让我考虑一下再回答你。”然后找出这本书中的一些练习来做一做，最后再去确定一下直觉给出的决定到底是什么。

记住：当你回绝了自己不想做的事，实际上你是为自己想做的事腾出了空间。

直觉训练小贴士

当你身处的情境十分复杂时，就不要再去关注自己的纠结和不安，将注意力转移到其他地方，这时再去询问直觉，它会给你一个更有效的答案。

Put Your

Intuition

第14章　不知道怎么办时怎么办

to Work

How to Supercharge Your
Inner Wisdom to Think
Fast and Make Great Decisions

> 不要让别人的意见干扰你内心的声音。最重要的是，要有遵循自己内心和直觉的勇气，因为只有它们知道你真正想要的是什么，要把它们放在首要位置。
>
> **史蒂夫·乔布斯，**
> 苹果公司联合创始人

我们都有过这样的体验：感觉自己被困在日复一日的生活中，非常痛苦。之前觉得刺激的工作现在看来也枯燥乏味，你只是“去到同一个地方，重复做着同样的事”，这种感觉总是慢慢积累起来的。公司上了新项目，你毫无兴趣；潜在新客户找上门来，一笔买卖近在咫尺，你却懒得跟进。你辞职了，却不知道将来要去做什么，但唯一确定的是，你再也不愿意做之前做过的工作。

你很郁闷，也有点儿害怕和不安。这些其实都是直觉给你的小小警示：“你需要改变。”长期的疲倦、无力、空虚其实都是直觉给你的提醒。

直觉就像我们体内的指南针，它为我们提供信息，帮助我们找到前进的方向和到达目的地的最佳路径。但是有时要想启动这个指南针并不是件容易的事。电话的发明者亚历山大·格拉汉姆·贝尔（Alexander Graham Bell）一生经历了数个过渡期，他曾说："一扇门关闭，自会有另一扇门打开，可我们花太长时间去惋惜那扇关闭的门，反而忽略了另一扇已经打开的门。"

杰瑞是我的一个客户。他是一位名副其实的商界精英。杰瑞告诉我，最近他刚拿到了年度首席财务官奖，他工作的公司最近也发展迅猛。他收入丰厚，而且每年还能拿到不少分红，去年他刚买了一个度假别墅。

他有什么问题呢?

我讨厌现在一成不变的生活。我没有时间和家人在一起，也没有时间去给自己充电。我现在工作的公司很大，但感觉自己和同事越来越疏远，对公司的未来也毫无参与感。当时我之所以会选择这家公司，是因为我觉得我可以将自己的能力发挥得淋漓尽致，可以为公司提供优质服务，对此我感到很自豪。但现在我的直觉告诉我应该离开了。我一直是一个跟随目标走的人，但现在我不知道自己下一个目标是什么。我现在居然想离开公司，是不是疯了？有多少人羡慕我现在的生活，但我过得并不开心。

杰瑞的过渡期综合征可不是一朝一夕就能得的。最终，他决定辞掉全职工作，转做公司的顾问。这一决定遭到杰瑞家人和公司首席执行官的双重反对，杰瑞说：

即便我经常感到害怕，但我还是选择面对自己真实的想法。当时我感到我的心都要死了。那时，我做了很多和工作有关的梦，我真的觉得如果选择留在公司，我会得心病的。因此我决定以此为理由，优雅地离开。

我当然也意识到我有其他选择，可当时直觉一直给我传递的信息是我需要给生活创造一点儿自由呼吸的空间，仅仅是休个假或者离开一两周是不够的。

我一步步走过这一重大人生转折，但不安感依旧没有消失。我会在半夜惊醒，然后开始担心自己再也没有东山再起的机会，害怕别人把我看作一个失败者。

9个月后，一切开始有些起色。我的直觉开始暗示我可以有所改变了。我接收了这一信号，准备开始改变。这时我又收到了另外一条线索，就这样，事情的发展已经有了很明显的方向。在初期阶段，新的目标或方向不会像变魔术那样一下子就自己蹦出来。好在我已经适应了，知道直觉正在引领我走向新的圆满人生。最终，我不得不学着去相信这个过程，事实上我非常庆幸自己明白了这个道理，而且这个道理让我终生受用。

杰瑞的这个过程持续了两年，他的生活经历了很多可喜的变化。现在他在当地的一个工商管理硕士班做兼职助理教授，还为前公司和另外一家信息技术初创企业担任顾问。利用空余时间，杰瑞学习了油画，而且他的画马上就要在画廊展出了。杰瑞说："枉费过去我还那么担心，其实只要跟随直觉的指引，一步步走下去就可以了。现在我已经学会相信自己的直觉了。"

假如我们20岁便步入职场，每周工作40小时，65岁退休的话，那我们总共工作10万小时。如果我们能用这些时间去做一些自己喜欢的事，用自己独特的能力去造福世界、探索世界，不是很好吗？如果现在不做，你要等到什么时候？福布斯网站曾引用约翰·D. 洛克菲勒（John D. Rockefeller）的一句话："幸福其实很简单，你只需要做到两点：一是找到自己感兴趣的而且擅长的事，二是找到之后，用尽自己的才能、力量和抱负，全心全意去做这件事。”

杰瑞的故事告诉我们，任何事情都不可能一蹴而就。我们现在能做的就是下定决心，去寻找真正能为我们带来快乐的工作。先不要考虑它是什么，或者你要怎么靠它生活，一步一步走下去，该来的总会来。

你做好改变的准备了吗

用是和否回答下列陈述：

____1．明年我希望能做一份不同的工作。

____2．我喜欢现在的事业，但觉得我的职位有问题。

____3．我特别期待周末，因为可以发展自己的兴趣爱好。

____4．我喜欢的工作还有很多，我想一一尝试。

____5．我需要一些有新鲜感、很独特的东西。

____6．我的工作一眼就能望到头，非常无聊。

____7．我总是幻想自己能换个工作。

____8．一想到换工作我就非常兴奋，但又担心那份工作可能无法养活自己。

____9．我希望能为邻里做些事，但靠现在的工作是不行的。

____10．我感觉自己的生活严重失衡（工作时间太长，陪伴家人和社交的时间太少，也没时间发展个人兴趣）。

____11．我已经做好了创业的准备。（如果你已经是一位企业主，问题换成：我已经做好了给别人打工的准备。）

如果你的答案中“是”比较多，那说明你已经厌倦了目前一成不变的工作。你的直觉已经明确告诉你，你的事业需要些改变了。可能你现在还没有明确的目标，没关系，这个目标在将来一定会逐渐明晰。

很多人在面临抉择时经常会陷入两难境地："我知道现在确实应该换工作"，但"我还不知道下一份工作要做什么"。杰瑞也有这么一段不确定的时间，我们都不喜欢不确定。一位哲人有这样一句话："一条路的拐弯处并非是它的尽头，除非你拒绝拐弯。"要想"继续走下去"，你可以按照下面的步骤去做：

承认自己需要改变。其实即便你承认这一点，你也没必要立即放弃自己的工作或事业。这只是改变过程中心理建设的一步。你可以先把自己的想法和感受告诉朋友和同事，也许他们会给你指出一些你的优点、才能或喜好，有些可能你自己都不知道。

给自己留一些探索的时间。这个时间因人而异，可能是几周，也可能是几年。你可以用这段时间去和我们内心的指南针——也就是我们的直觉沟通。面对这些选择，哪个让你觉得兴奋？即便有些看上去并不是特别好的职业选择，也要花时间去探索。梦境、兴趣和启发都是线索，你一定能从中找到机会。理性给不了的指引，可能直觉意境会给你提供最好的路径。

采取行动。励志演说家、作家托尼·罗宾斯（Tony Robbins）曾说："在生活中，很多人都知道应该怎么做，但很少有人真正去做。光知道还不够，一定要行动。"（摘自BrainyQuote.com）如果让你一个月内通过3件事找到自己的兴趣，你会选择哪3件？你可以去修一些课程、读一本书、找一个职业导师谈谈或者找有类似目标的人谈谈。你不一定非要做那些高风险的事。当你真正行动起来，直觉才会开始给你指引，它会给你很多选择和希望。

关注那些同时发生的事。人总会给自己将来的梦想留足后路，比如我们经常说："我也想……，可我这么老/年轻/没受过教育/没有经验……"直觉不会受限于这些。一旦你弄明白自己想要的是什么，直觉就开始为你营造对的环境，帮你找到对的人。还记得我们第2章的那个例子吗？在一个活动上，内心那个声音一直让我坐在一个陌生人旁边，我就这样开启了自己的事业。后来这个陌生人在《波士顿环球报》上发表了一篇关于我的文章，大批客户蜂拥而至，我获得了事业的成功。这一切发生得那么蹊跷，所以我们一定要留心生活中发生的事，这里面可能就蕴藏着你新的发展方向。

向直觉提问开放式问题，比如：

•在工作时，我最喜欢做什么？

•下一步我要怎么做才能找到对的方向？

•谁能帮助我做出这些选择？

•我要怎么做才能既帮助别人又愉悦自己？

接下来一整天，你都要留意直觉给出的启示和信号，这里面就潜藏着它为你指明的方向。

留心内心的低语。在给你下一步的指引或启发时，直觉可能不会大声告诉你："就是这样做！"有时可能仅仅是一个非常微弱的声音，比如："嗯……这听起来很有意思。""这家公司总是会出现在我读的文章和我听到的谈话里。""我总是会想到它，也许我应该再深入研究一下。""我总是在想某个朋友或同事。我应该给他打个电话，看他最近过得好不好。"

还是觉得似懂非懂？没关系，下一章我会给大家提供一些实用工具，让你和直觉成为好伙伴，共同去探索新方向。

直觉训练小贴士

直觉就是我们体内的指南针，它为我们提供信息，帮助我们找到前进的方向和到达目的地的最佳路径。跟着它一步一步向前走，你会到达更好的地方。

直觉训练技巧7：什么时候是尝试新事物的最佳时间

愚蠢的定义就是：重复做着同样的事，却期待会有不同的结果。

丽塔·梅·布朗（Rita Mae Brown），作家

人生充满转变。之前觉得圆满的工作现在看来却如此枯燥，之前兴致勃勃要参与的新项目现在看来却这么过时。曾经，机会的大门到处都敞开着，如今你似乎已经找不到钥匙。这些都是直觉给你的信息，它在告诉你，你需要改变。

过去已经过去，未来还在路上，中间的空档期让人尤为害怕。人只有有了明确的目标和行动计划才会感到安心。如果灵感和创意迟迟不出现，那可能需要你先清理一下自己，给它们腾出空间。

这本书读到这儿，你就应该知道直觉总是会明确地为我们指出通往成功最直接的路。需要改变方向的时候，直觉也会通知你。如果你感到兴奋，这是直觉在鼓励你继续前进。下面这些情况则是直觉在告诉你方向有误，需要调整：

- 我不知所措。
- 我感到郁闷。
- 我已经努力了这么久，但好像并没有什么结果。

- 人们并不认可我的努力。
- 我睡不好。
- 我总是担心。
- 我觉得自己用力过猛。
- 我总是拖延。
- 我对于未来的发展方向没有清楚的认识。
- 我对自己和自己的能力没有信心。
- 我觉得要想成功就得付出很多很多。
- 我没有动力。
- 再努力下去我觉得既无趣又不刺激。
- 我总是感到不安。
- 我做了很多，却都是徒劳。
- 我经常碰到意外情况，总是生病。
- 我好像怎么做都不对。
- 我感觉凡事都是我自己在付出。
- 我总是感到很累。
- 所有的事都没有意思。

上面有些也可能是抑郁症或是其他疾病的症状。如果你的情绪或想法和上面有吻合的地方，请先去找专业医生，排除患病的可能。如果你没有患病，但还是有至少5条吻合的话，那这就是你的直觉在告诉你，你需要调整方向了。你知道下一步该怎么做吗?

Put Your

Intuition

第15章　走过挫折

to Work

How to Supercharge Your
Inner Wisdom to Think
Fast and Make Great Decisions

> 生老病死，人之常情。我只希望在回顾自己一生的时候，能够说“我这一生跌宕起伏”，而不是“一帆风顺”。
>
> **汤姆·普雷斯顿·维纳**（Tom Preston-Werner），
> Github 公司联合创始人

“人在面对压力不知所措也睡不好的时候，千万不要去做什么重要决定。”这是我的客户卡洛得到的教训。丈夫离世后，她签合同卖掉了自己的家庭旅馆。“我的不安压倒了直觉，所以才做出这样的决定。”

卡洛的丈夫在与病魔斗争了2年之后与世长辞。当时的卡洛既要打理旅馆，又要在保险公司间周旋、还医药费，她不堪重负，已经到了崩溃的边缘。卡洛说：

很多朋友同事都主动要求帮我，可我就是不愿意接受他们的帮助。我觉得我能咬牙挺过去。我的聪明才智让我有信心处理好这一切。

在丈夫去世几个月后，另一个旅店店主想买下我的店。对方出价很合理，我一开始还以为是自己的祈祷实现了。我不想做这个生意了，认为把旅馆卖掉，自己就自由了。其实，当时直觉已经多次向我发出预警，只不过都被我忽略了。我一直觉得对方不可信，总觉得哪里不太对劲，但就是找不出哪里不对劲，最后就把这点忽略了。而且当时律师起草的合同看上去也对我有利，我就以为自己之所以有不好的感觉全都是因为紧张和压力。

现在回想起来，我明明有很多机会可以识破他，但都错过了。比如：他一开始就没有交全定金，不过他确实事出有因。谈判过程中，我给很多人打电话询问意见，他们都说应该会交齐的，只不过他们听起来都没有太大信心。我应该重视的！买主还跟我讲了很多他的经历，现在想想，他每次都把自己塑造成故事里的受害者，好像所有的错都是别人的。这些都是线索，可我都没注意！

故事其实很简单，买主没有履行合同内容。原本我们约定买卖之后，他需要更改旅店名字和经营信息，但他仍旧在广告中使用旅馆之前的名字和我的名字。后来我看到很多差评，说旅馆不干净、服务态度差等，而旅馆的经营一日不如一日。我花钱、花时间请律师打官司，这就是我没有听信直觉所付出的昂贵代价。

重整旗鼓

事已至此，卡洛也只能接受现实。她为我读了玫琳凯化妆品创始人玫琳凯·艾施（Mary Kay Ash）的一句话："每次失败，我们都有重整旗鼓的办法。如果前方道路不通，那就换一条路迂回前进。"卡洛决定按照这句话去做，从哪里跌倒就从哪里站起来。

当时官司还没有打完，卡洛就做起了民宿旅店交易咨询师和培训师的工作。她说："我喜欢和正处在转型期的人打交道，而且我很熟悉酒店业，我在这份新工作中找到了从前的激情。如今，我最常告诉客户的一句话就是：‘相信你的直觉！’”

准确的直觉是什么样的，你会有怎样的感觉

如果你也像卡洛一样正面临重大转变或抉择，你应该如何识别正确的直觉呢？换句话说，你如何区分某个画面是白日做梦，还是直觉给你传递的真实信息？下面就是一些供你参考的因素：

有些不安是正常的

说实话，人在面对新事物时，总会有些害怕。在改变的过程中，我们势必要丰富自己的才能，变得比之前更强大。同时，你也走出了自己的舒适区，踏进了未知的领域。

当你要改变的时候，你的恐惧感是不是比之前更强烈了？这个问题的答案只有你自己知道。想想过去人生中的转折，那时你有什么感觉？当时直觉有没有让你“往前冲”？你有没有相信直觉？结果呢？

只要专注下一步

很多决策并不需要你想得太远。你只需要走好每一小步，该实现的就一定会实现。比如，你可能在考虑换职业。首先，你需要搜集信息，比如去上课、与同事聊天或者读书。如果你依然对这件事感到兴奋或有信心，那说明这件事得到了直觉的同意，那下一步你可以迈得稍微大一点儿了。

但是，如果你和卡洛一样，感觉自己碰到了障碍，或者一直感到不安，那就要注意了！情况不同处理办法也不同，有的可能需要调整，而有的可能需要暂时搁置下来。

也许时间不对

直觉不一定总会给你非常明确的答案，有时它只会告诉你可能的答案，暗示你也许你需要缓一缓，可在这种时候人们通常会变得没有耐心。据我多年的经验，我认为如果你可以耐心等一等，有时事情就会水到渠成。反之，如果你不管不顾，逼自己继续尝试，只会打乱自己的步调，倍感压力。要注意，节奏感和舒适感是直觉认同你所作所为的信号。

明确你想要的结果

在卡洛的例子中，她原本的目标是把旅馆卖给一个合适的买家，用这笔钱来支撑自己找到新的工作。不可否认的是，因为当时的卡洛身体和精神都已经处在崩溃边缘，她的目标就直接变成了“卖旅馆”。

作家奥尔德斯·赫胥黎（Aldous Huxley）曾说过：“生活与你为敌，运势下滑，小人出现，你因犯错而决定墨守成规，你要明白这些都是你没有遵从直觉的表现。”

如果你在做某件事时感到不安或害怕，那请你先后退一步，问问自己是否清楚自己想要什么。也许和卡洛一样，你所努力去做的并不是你想要的。如果是这样的话，先停下来，放慢脚步，仔细思考你真正想要的是什么。

脱离正轨时怎么做

如果已经脱离正轨，首先要有改变的意愿

尤吉·贝拉（Yogi Berra）曾说：“即便是走到了岔路口，该走的也要走。”你现在在走的路是正确的吗？如果是错的，要准

备好另一套方案。很多时候，我们总是会选择好走的或是我们熟悉的路，殊不知通往成功的路总是在峰回路转之后。

为了写这本书，我采访了很多人，值得一提的是，很多人都说他们是在经历了曲折或危机后才回到正轨的。虽然费了些周折，但大部分人对挫折还是很感激的，因为挫折之后迎接他们的是全新、有趣的生活。所有人都说跟随直觉的引导，让他们最终实现了成功。

往前看，别回头

有时换换看问题的角度就能消除自己的不安。拿破仑·希尔（Napolean Hill）曾在《思考致富》（*Think and Grow Rich*）中写道："每一个灾难，每一处失败，每一次心痛里都蕴含着比它更大的财富。"很多时候，我们把太多的时间浪费在哀怨失败上，而我们真正需要做的是往前看。

我的一位53岁的客户，她最近正在考虑重回学校读硕士。她是一个著名公益机构的主任，做这份工作已经15年了。她知道她应该辞职，但是不知道去读研究生是不是正确的选择，为此她很担心。是直觉告诉她不要去吗？我建议她想象一下一年后的生活，然后问自己："如果我当初没辞职，没有回学校读书，我现在会是什么感觉？"结果她马上回答说："我会很失望。"这一回答很快便打消了她的担忧，这让她意识到其实这个方向是正确的。

给自己的表现打分

很多时候，即便你付出了努力，事情的发展也还是不顺利。这时，你需要后退一步，对当前情况进行分析。有没有哪件事让你觉得自己的人生很失败？下面这些问题能帮你从各方面进行分析：

•你能从中学到什么？

•哪些事你做得对？

•哪些结果让你觉得自己是成功的？

•从哪里开始事情就不对了？

•哪些方面是你希望更改的？

•对当前情况，直觉是怎么说的？

•直觉给出的建议，哪些你没有采纳？

•你有没有忽略某些警示？

•你觉得自己应该怎么做？

回答完这些问题之后，你有没有想到可以解决问题的其他办法？针对目前这个问题，你有以下几个选择。你可以：

•放弃。

•继续。

•转换思路。

•搁置一段时间。

•尝试新办法。

•请相关领域的成功人士为我们提建议。

•兼职做这个项目。

•与其他参与人员进行讨论。

你觉得以上做法哪个最好？你可以选择多个，当然也许直觉给出的选择比上面列出的还要多。

失败了也没关系

托马斯·约翰·沃森（Thomas J. Watson）是IBM的创始人。当时，他是有名的富豪，1956年去世时被认为是世界上最伟大的推销员。他曾说过的这句话，也许会给失败者一些安慰："想知道成功的秘诀是什么吗？其实很简单，就是两倍的失败。你们都以为失败是成功的敌人，这一说法并不正确。失败会让人气馁，但也能教会你很多，所以犯错了又怎么样？竭尽所能，你会成功的！"（摘自ThinkExist.com）

有的人失败之后能很快站起来，我发现这些人的思维方式和常人不同。他们会经常告诉自己："既然这个方法失败了，我就要从中汲取经验，这些经验能帮助我找到其他办法，然后继续向前。"而有些人一旦陷入失败就给自己贴上失败者的标签，殊不知这只是一段经历而已。这两种人，你想做哪一种？

理查德·布兰森在维珍集团官网上也说过类似的话，这句话更加贴近当代："我母亲经常告诉我，不要懊悔过去，要向前看。人们在失败上浪费的时间总是让我感到惊讶，有那么多时间精力，投入到新项目上该多好！我觉得我们公司所有业务都很有趣，挫折绝对不是一个坏经历，你只不过是绕道上了一课而已。"

我喜欢这种看待挫折的角度，挫折不是失败，甚至不是一段坏经历，它只是一条"学习曲线"。看来理查德·布兰森是一个真正的直觉信徒。当然了，我们也可以看出妈妈的话总是正确的！

直觉训练小贴士

直觉不一定总给你非常明确的答案，有时它只会告诉你可能的答案。如果你不管不顾，逼自己继续尝试，你只会打乱自己的步调，倍感压力。要注意，节奏感和舒适感是直觉认同你所作所为的信号。

Put Your

Intuition

第16章　直觉信徒的成功秘诀

to Work

How to Supercharge Your
Inner Wisdom to Think
Fast and Make Great Decisions

> 现在，每当觉得怀疑和害怕时，我都会遵从内心的指引。内心的指引比外界所有影响都强大，它能驱散我的恐惧。我很多次失败都是因为没有相信自己。
>
> **费萨尔·豪克**（Faisal Hoque），
> Shadoka 公司创始人

我们中很多人都会选择随波逐流地生活。比如当你失业时，有人给你提供了一份工作，你十有八九会选择接受。再比如另一个部门有了空岗，并且这个岗位工作节奏不同，薪水更高，显然这是一次职业提升的机会，于是你决定转岗。为什么不呢？老话说得好："如果你连自己要去哪儿都不知道，那你可能一辈子都会待在原地。"我们总是忽略直觉，从不问问自己："这是一个好决定吗？"但如果你不问又怎么知道答案呢？如果你确实问了，那答案是什么？（有没有庆幸自己问了？）

玛丽琳也是我的客户，我们第一次见面时她告诉我：

大学毕业后，我得到了第一份工作。后来，我经历了多次晋升，换过两次工作，钱越挣越多，事业上也算是小有成就。每个认识我的人都说我很成功。今年我38岁，已婚，有两个孩子要养，还有房贷要还。但有一天我突然意识到，我从没问过自己，我快乐吗？我只是简单直接地抓住了命运丢过来的一次次机遇，难怪我不快乐！

向快乐出发

我和玛丽琳第一次见面时的聊天内容和这一章要讲的内容很贴合，所以在这一章我会经常用到她的例子。

当下你有什么问题

一开始就回答“下一步怎么做”的问题可能会让人有点儿无所适从，所以有时我们可以先弄清楚自己不想要什么，再去回答自己想要什么的问题。

玛丽琳针对自己目前的工作，已经提前准备好了一份“不喜欢”清单：

我不喜欢在大公司工作，我感觉自己只是一个不起眼的小零件。我也不喜欢工作时间太长，那样的话我就没有时间陪伴家人、朋友，更没有时间自己独处。我的新老板什么都要管，这样只会降低我的工作效率。而且，我性格外向，现在的工作却需要我长时间坐在办公桌前分析细节。

玛丽琳说的话可能听起来像是在埋怨，但是弄明白自己不想要什么，不喜欢什么，恰恰能够为你分析想要什么提供有价值的信息。

明确自己想要什么

好好看看你的现有工作“不喜欢”清单，然后再把它们反过来看看。我们以玛丽琳的清单为例：

“我不喜欢工作时间太长”，反过来就是“我希望我的工作时间宽松，这样我能及时回家看儿子玩棒球”，或者“我希望每周有几天可以远程办公”。

“我性格外向，不喜欢分析细节”，反过来就是“我希望每周都能外出会见客户，我也想尝试类似指导、演讲或者培训这样的工作，总之任何能让我与人打交道的工作都可以。”

明确目标是实现目标的第一步。现在先把如何实现的问题放到一边，这个问题后面再解决，我们不能本末倒置，毕竟如果不知道自己要去哪儿，怎么去也就无从谈起。

哪些是有趣、刺激的

现在开始想办法创新。我经常和别人开玩笑说，如果我现在做这个都能养活自己，还有什么不能做的！一旦明确了你想做的是什么，直觉就会开始给你各种线索，并帮你找到凭此谋生的方法。

新精神沟通（New Spirituality Communications）总裁盖里·哈林顿（Gerry Harrington）说过一句很有哲理的话：“去追求与自身价值相当的目标，哪怕世界上从没有人实现过。不要让自己的心受委屈。”（查看本条引言及与勤奋相关的引言，请登录Entrepreneur.com。）

向“但是”说“不”

也许你对自己喜欢做、想完成的事已经有过很多天马行空的想法；也许你和玛丽琳一样幻想尝试一份全新的工作；也许你幻想自己心仪的旅行；也许你已经放弃靠梦想吃饭，那曾经为之疯狂的事已经沦为“一个爱好”。

如果你还没有采取行动，我敢打赌你肯定败在了一个词的手下——“但是”。这个词把你前面所有的憧憬统统扼杀。“我可以做这个、这个，还有这个。”你非常兴奋地想。兴奋代表直觉正在给你提供创意，为你指明成功的方向。

不幸的是，就在这时，逻辑思维出现了，它说：“但是你能做到吗？你不能！你这简直是白日做梦，这太难了（因为太贵了、要求高学历或要求培训，等等）。”玛丽琳有一个“但是”的例子：“我想多参加客服培训，这个培训的主要目的是提高客户好感度，我觉得挺适合我的。但是那样的话，我就得回学校考学位。”

转换思路

我们都会用逻辑思维去考虑如何才能实现那些希望与梦想，这一点并没有问题。毕竟，逻辑思维在成功之路上也有着自己的意义。但是，大家千万不要让逻辑分析熄灭你的热情和灵感的小火苗。尝试跟自己说“去接受任何可能性吧！”“我要怎么做才能实现？”“从哪里开始？”，或者“如果这个想法可行，下一步我要怎么做？”

第一步，一小步

要打破消极的思维模式，总共分两步：

1．无论怎样，先着手去做。

2．从小处入手。

先找到自己感兴趣的东西，然后一点一点地开始。记住，你只需要关注当前，不需要去想这个目标能完成多少。相信直觉的内在指引，跟着兴趣、激情和内心走，你会找到能让你感到开心满足的事。目标一旦确定，直觉便会为你指明实现目标的方法。

记录直觉给出的职业想法

把想法记录下来也是进一步拓展直觉沟通的有效方法，你可以先从回答下面这些问题开始。这个问题清单适用于很多情况，使用率很高。玛丽琳买了一个钱包大小的笔记本，每天只选择其中一个问题进行回答，每当有想法便将其记下来。也有人趁着度假的那几天来仔细思考这些问题。总之，适合自己的方法就是好方法。

你的天赋有哪些

•你有哪些值得骄傲的成绩或成就？

•你的哪些能力经常得到别人夸奖？

•你认为自己擅长什么样的任务或技能？把自己擅长的事情列出来。

•小的时候，你擅长什么？

•在你的有生之年，你希望别人如何评价你对这个世界的贡献？

你对什么事情抱有热情

•你在做什么的时候会感觉不到时间的流逝？

•如果你有一年的假期，还有足够的钱，你会做些什么？

•有没有哪件事是你会坚持一生去做的？

•如何利用自己的兴趣去帮助他人？

•如果你可以为世界贡献自己的一份力量，你会做什么？

•你有没有什么经验教训可以分享给他人？

•这个世界上，哪些事会让你兴奋或生气？

你的价值观是怎样的

•你最在乎的是什么？比如独立、人权、创新、善良、权力、财富、精神世界、知识、领导力、社区、美丽或者智慧。

•想一个你崇拜的人。他的哪一点最令你钦佩？你认为他的价值观会是怎样的？

哪些事情让你觉得有趣

•列举20件、50件甚至100件你喜欢做的事情。

•你理想的一天/周/月/年是什么样的？

•如果某天你彩票中奖，不需要再为钱折腰，你会怎么做？

•你喜欢一个人做事吗？还是喜欢和伙伴或者一个团队一起做事？

•你喜欢什么样的工作环境？你更喜欢外勤工作还是内勤工作？假想自己已经过上了理想中的生活，你周边的环境会是什么样的？

现在看着自己的答案，你有没有总结出什么？有没有恍然大悟的瞬间？在梳理好自己的成就、优势、价值观和兴趣后，还有一些事要做，毕竟"靠兴趣谋生"这一梦想不是一朝一夕就可以完成的。

想要聪明地利用直觉，我们还需要磨练自己的耐心。《思考致富》的作者拿破仑·希尔为我们很好地解释了这一观点，他说："如果你有耐心、能坚持、肯努力，那成功对你来说就是囊中之物。"

还不明白？那就在睡觉前去问问直觉吧，这也是为明天做准备的绝佳机会！

感恩

今天你有没有要感激的事？比如送上门来的机会或者与同事

的一段愉快的谈话？甚至也许仅仅是感谢拥有健康、快乐的生命。如果你能注意到这些事情，你会发现它们与日俱增的魔力。

无限可能

明天总是充满了无限的可能和潜力。抓住睡觉的机会，好好与直觉进行对话。你希望明天发生些什么？理想的一天是什么样的？写下3点，这可以帮助你得到指引。“我应该怎么做才能拥有理想的一天？”

信任

你可以期待直觉会给你带来答案，也许是脑袋里突然冒出的想法，也许是暗含线索的梦境，也许是早上喝饮料时得到的启发。总之一定要留心观察直觉给出的信息。

有时直觉会“暗中”给你答案。比如你觉得早报上的这篇文章很有意思，答案可能就在里面；比如你突然看到了之前一直被你忽略的一个广告牌，然后你就想到了解决办法；比如打开收音机或者博客，正好就听到或者看到了我们需要的建议。如果这个答案是对的，那你可能会有以下感觉：安心、释然、心胸开阔、打消疑虑或者镇静自若。

本章一开始提到的玛丽琳后来怎么样了呢？她还是留在了公司，只不过换了一个新岗位。现在，她是一名客户服务联络员，负责跟进客户，确保客户能有更好的产品体验，并将客户的意见建议反馈给总部。玛丽琳说她现在特别开心！

直觉训练小贴士

一开始就回答“我想要什么”的问题可能会让人有点无法适从，所以有时我们可以先弄清楚自己不想要什么。哪些事情让你觉得精疲力竭？就从这里开始，把这些浪费精力的事都清除掉，这样才能为正能量想法腾出空间。

直觉训练技巧8：5分钟以内快速启动直觉的7个方法

> 好的直觉能在大脑反应之前告诉你下一步的做法。
>
> **迈克尔·博克**（Michael Burke），
> 杜兰大学心理学、商学教授

沉思。关注自己的呼吸，让自己的心平静下来。选一个能让自己放松的字或词，然后重复念几遍，比如“静下来”“没关系”或者“冷静”。佛教里把这个过程称为“念”。当我们慢下来时，我们便有了内心的平静，也就为直觉营造了良好的环境。

向直觉提问。开放式问题能够带来更多信息，比如，“怎样才能让更多人报名参加下个月的研讨会？”或者“怎样才能为X产品带来更多的品牌认同感？”把你想到的办法全部记下来，先完成这一练习再去检查、评判自己的答案。

寻找画面。如果你想做某件事，可逻辑分析下来这并不可行，那请闭上眼睛，去构想事情做成之后的画面。直觉经常会通过视觉画面给你答案。

动一动。仅仅是站起来、走一走也能帮助你清醒头脑。把手头的工作放一放，出去走走。离开办公桌，暂时把问题抛开，如果运气好的话，你可能会想到一些办法。

白日梦。思考你现在正面临的挑战、决定或者问题，想象自己正在解决这个问题，并期待直觉会给你答案。也许有人突然来找你聊天，聊着聊着问题就解决了。也许你看到一本书、一个横幅、一条笔记或其他东西，突然就从中得到启发。可能这听起来很奇怪，甚至有点傻，但很多情况下答案就是这样自己出现的。

注意自己的感受。工厂经理要求购置一台新设备，但这台设备很贵，你一直在纠结要不要买。经理摆出了一些事实和数据想说服你，但你还是拿不定主意。闭上眼睛，想象自己已经答应，你的感觉怎么样？情绪上有什么波动？你是感到沉重、郁闷，好像觉得“自己不应该答应”，还是感到积极、亢奋，觉得就应该答应他？

你的身体怎么说？在古代，中国人认为智慧藏于胃，这和我们“相信肠道反应”的说法不谋而合。如果你一想到某件事，胃就不舒服，那你要注意了。其他身体反应也会给你一些信号。比如在面临错误决定时，人会突然出汗，或者感觉脊柱刺痛。相反，如果你感觉温暖、舒适，那说明事情进展将会是不错的。我们只有了解了自己的身体，才能读懂这些信号，之后便可以熟练运用直觉。

Put Your

Intuition

第17章 梦的价值

to Work

How to Supercharge Your
Inner Wisdom to Think
Fast and Make Great Decisions

> 我发现，很多时候只要我睡好了，第二天好想法自然就会出现。
>
> **托马斯·爱迪生，**
> 美国发明家，商人

珍高中都没有读完，现在却已经是一家年营业额达2500万美元的服务公司的总裁和首席执行官。她说自己之所以有现在的成功，都要感谢她28岁时做过的一个梦。她说："我梦见自己在一家便利店，然后我发现通道里散落着很多硬币。特别奇怪的是，经过的人好像都看不见这些硬币，只有我自己在那儿忙着捡。"

醒来之后，珍得出了一个结论："我可以看到别人看不到的机会。"她说这个梦让她听到了内心的诉求，她感到自己"肯定要做生意"。这个梦就像催化剂一样，给了珍创业的勇气。

有名的做梦者

很多人都和珍一样发现了梦境的力量。各行各业的成功人士都曾表示他们在梦里会获得很多创意和启发。专业高尔夫球手杰克·尼克劳斯（Jack Nicklaus）曾在一次重要专业比赛中失利后，通过梦境启发提高了自己的挥杆水平，并在第二天的比赛中提高了10杆。

大卫·兰德尔（David K. Randall）曾在《梦乡：探秘睡眠中的奇幻科学》（*Dreamland: Adventures in Strange Science of Sleep*）中写过甲壳虫乐队前成员保罗·麦卡特尼（Paul Mccartney）的经历。一天，保罗从梦中醒来，《昨日》那首歌的调子忽然从脑袋中冒出来。"是整首歌，"他说，"我简直不敢相信，居然是完整的一首。"很快这首歌就成了流行乐坛的标志性歌曲（总共有2500个版本），从弗兰克·辛纳屈（Frank Sinatra）到玛丽安娜·菲斯福尔（Marianne Faithfull），很多歌手都翻唱过。半个世纪过去了，这首歌依旧是电台播放次数最多的歌曲。

我们每天晚上做梦的平均时长在1～2个小时左右，而且一晚上我们会做4~7个梦。在很多流传下来的故事中，我们也经常看到主人公在睡梦中得到灵感。人这一生的做梦总时间在6年左右，也就是超过2100天。所以我们最好充分利用梦境给出的惊人的信息。

德国生理学家奥托·利奥维（Otto Leowi）就利用梦中得到的启发证明神经冲动是化学传导而非电传导，他也因为这个发现荣获了诺贝尔奖。滚石乐队吉他手基斯·理查兹（Keith Richards）也曾说《满足》（I Can't Get No）中重复的那一段是他在梦中创作的。据报道，19世纪的化学家德米特里·门捷列夫也是在梦中得出了化学元素周期表。

伊莱亚斯·豪（Elias Howe）是实用缝纫机的发明者。在发明过程中，他也是从梦中得到启示，解决了针眼设计的难题。在他的梦中，一群野蛮人抓住了他，并把他带到了首领面前。那个首领大喊："伊莱亚斯·豪，我命令你立即制成这个机器，否则我就要你痛苦地死去。"梦中，很多勇士用矛指着他，眼看就要刺进身体里。突然，他发现那些矛的末端都是些和眼睛形状类似的洞。醒来后，他跳下床，在针的末端削了一个眼睛形状的洞。这样一个小小的改变，却掀起了整个行业的改革浪潮。

雷蒙德·库兹韦尔（Raymond Kurzweil）是光学字符识别、文本语音转换合成、语音识别技术和电子乐器键盘领域的先行者，他还写过多本健康和科技方面的书。究竟是什么让他有如此多的成就？他在接受美国某基金会网站采访时说：

其实我的很多想法都是在床上，或者说在梦中得到的……做梦的时候是我创意最多的时候，那时头脑很放松。早晨醒来之后，我会把想法再梳理一下，有了它们的启发，无论是写新书、演讲稿还是搞新发明就都很简单了。

梦境还曾帮杜邦公司省下几百万美元。海湾战争时，该公司生产的凯夫拉背心需求量很大，当时能制作这种背心的只有一台特殊定制的高速机器，但这台机器经常坏，公司和军队都为此非常糟心。工程师们都不知道问题出在哪里，直到有一天一名工程师做了个梦。他梦见自己成了机器的一部分，然后看到水喷得到处都是，软管已经崩了。醒来后，他立刻给软管做了几个分支，帮助软管送水。这个梦不仅解决了问题，也挽救了很多生命。

假设我们也可以在睡梦中解决工作中遇到的问题，这岂不是一件美事！那怎样才能做到呢？你需要一张柔软的床，需要在床头柜上摆上纸笔，需要动动脑子、动动手。之后，你就可以闭上眼睛做梦了。第二天早上睡醒后，写下你获得的启发。就这么简单！还想要更多的细节？下面这些建议可以帮助你更好地调节睡眠状态，从而获得更多启发并解决问题。

带着问题入眠

有时问题给我们的压力太大，使我们很难摆脱逻辑思维的限制去倾听直觉的想法。所以通过睡眠让大脑休息也许是得到最佳答案的好办法。

记录梦境

你不需要准备很多很梦幻的东西，一个笔记本或者一叠纸就够了。如果你不用担心会吵到室友的话，也可以准备一支录音笔。在进入睡眠之前，先写下来自己要做的决定或者要解决的问题，几小段就可以，这个过程就像是把左脑中的数据统统转移到纸上。

总结问题

读一读你写的这几段话，然后把它们概括成一句话。比如："我应该换工作吗？"或者"我们应该如何加速这一组件的生产过程？"。很多人发现直接索取信息更容易，比如："我需要提高销售额方面的信息"，或者"我希望能梦到生意兴隆的新商机"。

在将要进入睡眠状态时提问或者说出自己的问题

告诉自己，如果这个梦能告诉我们答案，那千万不能忘记这个梦。随着自己慢慢睡去，不断向自己重复这句话，并且在心里期待答案。如果思绪飘走了，要温柔地把它拽回来。

慢慢地醒来

梦境结束5分钟后，约有一半的内容会被忘掉；10分钟后，90%都会被忘掉。所以在你醒来时，千万不要一下子就完全醒过来。问问自己：“我有梦到自己的问题吗？”先不要下床，事实上，在你试图回忆梦境时，你最好不要动。

记录梦境或梦的片段

即便你记不起整个梦，也把你能记起来的都写下来。有时梦境不会给我们十分明确的答案，但它们会通过象征性画面、比拟物、某种感觉传达出来。

解读梦境

现在有关解梦的书很多，但大多都过于笼统。火通常预示着浪漫的夜晚，但对你来说可能是危险的迹象。最了解你和你梦境的人就是你自己。下面这些可以帮助你快速解梦：

寻找解决方法。你醒后有没有立即收到答案？你能把从梦中学到的东西运用到自己的问题中吗？你有没有反思过从梦中得到的重要信息？

象征识别。昨晚的梦中有没有出现适用于你当前情况的象征或暗喻？它们和你的问题以及你想要的答案有什么关联？当你思考这些象征的时候，你脑子里有没有冒出什么想法？或者它们让你想到了现实生活中的哪个人或哪件事？

大声说出你的梦。把梦境说出来可以加深你对梦的理解，因为我们经常用文字游戏来营造画面感。比如，有一次我梦到自己脚疼，我一直在说：“我脚一放下就疼。”后来我意识到，我其实是在下意识地强调自己无法与一个同事划定合适的界限。换句话说，在那种情况下，我“不知道把脚放在哪里”。你也可以用第一人称、现在时来描述自己的梦，这能唤起很多你之前忽略的信息。

如果你还是记不住自己的梦，那就试试下面的办法吧！

梦境图

很多人都反映说只能记住一些梦的片段。如果你也有这样的问题，可以试着做一份梦境图，这个跟画思维导图有点像。比如，你梦到一座建筑物倒塌，但其实你只记住了建筑物，这时你可以在图上先写上“建筑物”这个词，然后在下面画一个分支，看看自己能否联想到什么词和信息。

我就曾通过这个方法记起建筑物倒塌的梦。（很多人都做过这个梦！）我在纸上写了几个词，分别是“害怕”“失控”以及“办公室”。每想到一点儿细节，我就写上去一点儿。我对这个梦的解读是我因为事业发展有变而觉得不安。通过这个解读，我决定慢慢来，先做一些调查再行动。

每段梦境，你能记起来的越多，你写下来的信息也就越多。有时可能到了晚上，你又会想起来一些。如果你感觉这个梦很重要，那无论想起来多少都要记下来。这个图画完之后，你会惊奇地发现自己居然记起这么多内容。你不需要担心各个事件发生的顺序，只需要写下关键词和自己的感受就行。通过这种方式，也许你能将之前模模糊糊的片段填补起来。

慢慢起床

帕特丽夏·加菲尔德（Patricia Garfield）博士是知名的梦境

研究专家。她认为做好思想准备对于记录梦境非常有必要，除此之外，身体准备也很重要。比如，如果你总是用一个姿势睡觉，而且你记不住梦，那你可以慢慢翻一个身，换另一个姿势，躺一会儿之后问自己："我梦到什么了？"她也和其他很多梦境研究专家一样提倡关掉刺耳的闹钟，自然醒来。

如果这些方法都不管用，也请你继续尝试，毕竟还有那么多方式可以帮助你从梦中获取信息。ASDream.org网站上有一篇很好的文章，作者约翰·斯坦贝克（John Steinbeck）说："很多人都有这种体验，明明睡觉前还是棘手的问题，经过'睡眠委员会'的努力，第二天早上便解决了。"

希望你和你的"睡眠员委会"今晚能睡个好觉！

直觉训练小贴士

我们在做决定时可以寻求梦境的帮助。在快要入睡的时候，提出自己的问题。告诉自己你可以记住这个梦，并且能从梦中找到问题的答案。在床边放上纸笔，第二天醒来的时候，写下你能记住的任何信息。

Put Your

Intuition

第18章　如何创造眨眼间的价值

to Work

How to Supercharge Your
Inner Wisdom to Think
Fast and Make Great Decisions

> 我认为要想完全解读自己和自己的行为，首先需要我们认同一个观点，即眨眼间的价值是可以和数月逻辑分析的价值相提并论的。
>
> **马尔科姆·格拉德威尔**（Malcolm Gladwell），
> 作家，演说家

马尔科姆·格拉德威尔在其畅销书《眨眼之间：不假思索的决断力》（*Blink: The Power of Thinking Without Thinking*）中普及了一种名为“薄片分析法”（thin-slicing）的直觉形式。他推测说，人们可以根据有限的信息做出非常准确的决策。“薄片分析法是指即使我们自身经验尚浅，我们的潜意识也能找到人和事物发展规律的能力。”

要不要接受一份新工作是人生重大抉择之一。大多数人都会对此做一番考量，比如和同事聊一聊，实地调查、走访，了解公司背景，等等。我们应该这么做，是不是？

但是，如果你对自己足够坦诚，直觉应该在一开始就对这个职位有了判断，也许是你进入房间接受面试的时候，也许是你去公司停车场停车的时候。也许还要早，比如你刚听说这个职位的时候。但你并没有重视自己瞬间的直觉，于是你开始四处搜集信息，毕竟谁也不知道那眨眼间的直觉是否准确。

格拉德威尔认为有时虽然我们自己也无法解释，但有很多事我们就是知道。比如我们可以在几秒内就做出非常正确的决定，我们可以不经大脑思考。在书中，格拉德威尔并没有使用“直觉”一词，他只是描述了一种直觉形式，即人可以根据自己的既有经验，对事情的发展、对某人某事的感觉进行预判。

“薄片分析法”是如何进行的

第一印象如何

每次在开始调查分析之前，我们先自问这个问题。记住自己的反应，然后将来验证一下。即便我们已经接收到答案，该做的功课还是要做。只是，如果我们能通过不断磨练提高直觉，它便可以任你调遣，在你需要它的时候，帮你做出快速、准确的判断。

我需要知道些什么

这个问题可以提醒你继续搜集信息，尤其是意识察觉不到的信息。你现在正在观察的情境有什么问题？问这个问题时，请尽量保持冷静客观。有没有很自然地得到某些启发？你只需要观察，不用判断。

最好的办法是什么

当你问这个问题时，你脑子里有没有冒出什么想法？凭直觉决策可与那些冲动的、毫无责任感的决策不一样，前者需要不断训练。比如，你刚开始学钢琴一周，肯定不会有人请你去音乐厅演奏，直觉的训练也是如此。你需要一步一步地学，循序渐进。直觉给你肯定的回馈时，你的体会是什么？它告诉你“不要那么做”时，你又有怎样的感受？直觉在给出答案时，通常很快、很突然，很多时候你毫无防备，答案就来了。只有你自己能够摸索出直觉与身体、思维及精神沟通的规律，一旦体会出个中关键，你离成功就不远了。

快速思考

科学家们是如何看待直觉的呢？或者更具体些，他们是如何看待“薄片分析法”的？直觉来自我们的思维还是我们的经验？事实上，科学家尚未发现任何证据可以证明直觉或者更广义的意识来自身体任何一个部位。就连大家都承认的“思维”，我们也不知道它究竟存在于哪里。

拉里·多西（Larry Dossey）博士是一名作家，也是一名内科医生，他的讲座涉猎了精神与科学的很多主题。他认为，人类思维的某一部分并不受时空限制，他将其命名为“非局域思维”（non-local mind）。“非局域”（non-local）这一概念来自当代量子物理学。

在其著作《灵魂再生》（*Recovering the Soul*）中，多西博士写道：

非局域思维也许通过大脑和身体工作，但它不受时空局限，也不依托大脑和身体存在。同时，它也不受当前时刻局限。非局域的任何事物，包括非局域思维都是无穷无尽的、永恒的、无所不在的。所以，如果思维也是非局域的，那世界上甚至宇宙中就只存在一个思维，也就是西方人所谓的“灵魂”。

这就又引发了有关直觉的有趣的问题。我在本书中的立场是直觉主要有两个起源：一是对潜意识信息的快速处理，比如在招聘员工时，我们会观察应聘者的着装风格、谈吐以及肢体语言，直觉中就会对这个人有了些许印象；第二种就是多西博士提到的，宇宙中存在一个无穷大的知识库，我们可以通过非局域思维进入这个库，并通过直觉认知与其建立联系。

贝尔定理（Bell's Theorem）是以其作者、爱尔兰物理学家约翰·斯图尔特·贝尔（John Stewart Bell）命名的。他用数学方法证明了爱因斯坦狭义相对论中的错误，认为信息由A点传递到B点的速度并不受光速限制或者小于光速。贝尔定理还认为这并不仅仅是一个理论，而是在这个世界上真实存在的。《量子现实》（*Quantum Reality*）的作者、物理学家尼克·赫伯特（Nick Herbert）也认为，A与B建立非局域联系时，两点之间无任何事物穿过，且无论A与B相距多远，两点都可以瞬间建立联系。

这些理论与直觉有什么关系？其实，我们也可以通过拓展意识与丰富的知识建立联系，让这些知识为我们所用。比如当你想知道自己在新加坡的工厂运行如何，或者如何将产品销售给你在波士顿的客户时，你不再需要亲自去现场就能瞬间得到你需要的信息。同时，这些理论也证明了我的观点，下一次，当你的公司参与竞争时，你就可以通过直觉知道怎样做能让决策者选择你的公司，虽然这看起来有些不可思议，但你真的也许连逻辑推理都不需要做。

有意思的是，非局域思维这个概念并不是现代才有。早在公元前2世纪，印度哲学家帕坦伽利（Patanjali）就曾有过类似的观点，他写道：

人在受到伟大目标或非凡事业启发时，他们的想法会挣脱束缚，思维将突破局限，意识向各个方向延伸，这时他们会发现自己置身于一个美好伟大的新世界。在这个世界，所有沉睡的力量和才能都将复活，你会发现自己变成了一个比你能想象出的更伟大的人。

思维，直觉，还是……

兰斯是一名大型涡轮发电机工程师，他经常应招参加“特殊任务”小组，去查找并排除设备故障。小组中大部分人都是谨慎的逻辑派，而兰斯却在中途投靠了直觉派。他告诉我自己也不知道信息是从哪儿来的，这是第一次有人向我承认这一点。为此，他给我讲了下面这个故事：

几年前，小组去英格兰出“任务”，问题非常棘手。在大家都不知如何下手的时候，我们却靠集体直觉解决了那个问题。

问题出在一个新建的涡轮发电机上，这个发电机的发电量很令客户满意，但机体温度却居高不下。温度过高本身就有安全隐患，所以他们请我们过去帮忙排查。

通常，我们要想进到机器进行全面检查，首先需要把这个发电组关闭。可是这次我们要诊治的“病人”重达20吨，运行时温度更是高达538℃。我们必须等到机器冷却下来之后才能进入机器，而这需要3天时间。再加上我们检修一般需要9天，这一前一后将会给客户造成数百万美元的损失。

当时我就感觉这个机器应该没有什么大毛病。有没有可能是第一级涡轮叶片装反了？尽管我们都不知道机器内部出了什么问题，但我们全都知道叶片安装没有问题，机器是安全的。

任何工程师都不愿意承认自己“感觉用事”，所以我在报告中写的是：我们非常确定叶片正常，机组不存在安全隐患，可以继续发电。

3年半后，机组还像新机组一样运行顺畅，但是我们还是非常好奇到底是什么问题导致机器温度失常。所以大家一起拍板，决定再次跨越半球到英格兰调查一下。机组只能开放几个小时，我们一到便投入到了热火朝天的数据搜集中，一直忙到深夜。

结果，我们什么都没发现。但最重要的是，我们也没发现机组有任何问题，我们的集体直觉得到了验证。

后来，我们又仔细研究了所有的数据，发现最有可能的原因只能是温度传感器外围流型异常。结果，我们小组的集体直觉为公司重要客户省下了数百万美元。

不要想太多

也许你不像兰斯一样，需要解决涡轮发电机的问题，或者需要做出价值上千万美元的决定，但每个人都有自己需要做的重大抉择，也有自己需要承担的重大责任，也许是公司的数千股东，也许是你的至亲家人。从这点来看，所有的商业抉择都是同样重要的，而且都有改变很多人生活的可能。

我们在做决定时都会慎重考虑，所以我们经常努力地搜集信息、数据和别人的意见。也许你已经准备好去做出那个重大的人事任命、拿下你想要而且你需要的数额，又或是投资开发新产品击败竞争对手。但是，你并不确定。你觉得后脑勺有什么东西在骚动，可能是一条怀疑的小虫子，它让你犹豫不决，无法做出抉择。

现在你需要靠在椅背上放松，闭上眼睛，想象旁边有人在听，然后问问自己下面的问题：我要做的这个抉择对吗？你把这个重要的问题交给直觉，它会告诉你它的答案，这个答案也许是只言片语，也许是符号，也许是图片或者感觉。多数人会“感觉”到这件事是好还是坏，是对还是错。日本人把这种感觉称为“哈拉盖”（haragei），直译过来就是“腹部敏感性”或者“腹部艺术”。我们叫它“直觉”。

抉择也是一种现实。人生是否成功就看你有没有能力做出更多好的抉择，而直觉就在那儿为你提供指引。它就像一个信得过的指南针，把你带到最好的抉择那里。利用好直觉，倾听它告诉你的话，并按照它说的去做，然后期待成功。

直觉训练小贴士

试着去探索你体内的引导体系是如何工作的。当你选择了错误的方向，直觉是怎么让你知道的？相反的，哪些信号是在说：“对！这是个好决定！”每个人收到的直觉信号都是不一样的，要多加留意，尤其是在做低风险决策的时候。这些信号会再次出现并帮助你快速做出人生的重大抉择。

直觉训练技巧9：不是投硬币那么简单

> 若没有当初大胆的猜测，就不会有后来伟大的发现。
>
> 艾萨克·牛顿爵士

面对风险不高的决策时，我们可以掷硬币决定，但像那种重要的抉择，比如要不要卖掉公司、辞掉工作或者跨洲搬迁，就没必要用这个方法了。当然，这只是我的一己之见。

思考你要做的决定，然后把它变成一个是否问题，比如：

- 我要不要接受XYZ公司的那份工作？
- 这是要求加薪的正确时机吗？
- 我有必要参加下个月的协会年会吗？

然后开始抛硬币，正面为是，反面为否。那么，答案是什么？

知道答案时，你的感觉怎么样？失望还是释然？是感到浑身每个细胞都兴奋了起来，还是感到害怕而导致胃痉挛？你得承认：你是不是立刻就想再多掷两次来个三局两胜？（还是你已经这么做了？）

所有这些反应都是直觉给你的信息。其实在此之前你就已经知道答案了，没错，就是你最初想得到的答案，掷硬币之后的反应只不过是让你对答案更加确定而已。

我们经常期待直觉能像《星球大战》中的黑武士达斯·维达那样，大声地告诉我们："没错，接受这份工作吧！"但事实上，直觉更有可能通过一些微妙的感觉、内心微弱的声音或者身体的反应将信息传递给我们。如果你能学着去留意这些内在的线索，并依此行动，我想它们会越来越清晰的。

Put Your

Intuition

第19章　当需快速做出一个有创意的决断时

to Work

How to Supercharge Your
Inner Wisdom to Think
Fast and Make Great Decisions

首先就是留意与某些想法相携而来的直觉"欲"。

查尔斯·贝斯特（Charles Best），
教育众筹网（DonorsChoose.org）创始人兼首席执行官

广告名人堂杰出人物琳达·卡普兰·泰勒（Linda Kaplan Thaler）是业内很多知名营销活动背后的创意推手，像美国家庭人寿保险公司的搞笑鸭子系列、柯达"留住瞬间"系列以及伊卡璐"好棒！好棒！好棒！"系列都是她的创意。她的很多作品甚至已经成为流行文化的标志，比如那首久唱不衰的"玩具小孩"广告歌。琳达与人合伙创立了卡普兰·泰勒集团，公司从一开始的一座砂石屋发展成了年营业额达10亿美元的集团，服务的客户包括宝洁、辉瑞制药和温迪国际快餐连锁（Wendy's）等。

创意的头脑风暴

在最近的一场会议上，琳达受邀做主题演讲，她分享了自己的创意头脑风暴法，并介绍了获奖的美国家庭人寿保险公司广告的制造过程。当时，该保险公司的首席执行官丹尼尔·阿莫斯（Daniel Amos）找到她说："没有人能记住公司的名字，我们得让我们的名字深入人心。"琳达和她的员工便使用了一个她称之为"大爆炸"的方法。这种方法可以将观点强行植入人们的生活，见效快，人们想逃都逃不开。琳达说："这个名字确实不太好记。在一次创意会上，我一直在重复'阿弗莱格、阿弗莱格'（AFLAC），然后我的一个员工就直接走过来，捏着我的鼻子说，这几个字的发音和鸭子叫很像。当时在座的所有人都以为我俩疯了，但当时我就拍板决定用这个创意。"

2004年7月《今日美国》刊登的一篇文章介绍说，因为那一系列的广告，美国家庭人寿保险公司的品牌普及率从最初的13%飙升至90%，阿莫斯说："当初大家都记不住这个名字，所以我才请琳达她们帮忙。那个广告改变了大家的生活，当然也为我的生活带来了很多的好处。"

"大爆炸"方法还帮助原本默默无闻的伊卡璐草本精华洗发水跻身成为北美三大护发品。当时创意团队面临的任务是突出产品带给用户的最佳体验，成员们想了很多方案，最后琳达说这个品牌让她想到了电影《当哈利遇到莎莉》（*When Harry Met Sally*）中的一个场景：梅格瑞恩和比利克恩斯托饰演的男女主角坐在拥挤的熟食店里，女主绘声绘色地向男主演示了女性的伪高潮神技，期间她大喊"好棒！好棒！好棒！"，伊卡璐的广告词就此诞生。

也许你要营销的产品和高潮无关，但我们还是可以利用琳达团队的"大爆炸"方法进行品牌推广，怎样做呢？不论是独立运营商，还是世界五百强企业老总，抑或是中型企业，所有管理层都会面临在竞争中能否脱颖而出的挑战。所以，商业创意永远是必需品，而非奢侈品。你本人愿意接受新观点和新方向吗？对于团队及团队领队做出的创意，你会鼓励吗？这两个问题需要大家仔细思考，因为这对你未来的事业和生意有关键影响。

创意源于直觉

你需要直觉、创意与创新的组合体。这三者很相似，但又在很多方面有很大的不同。我的看法是这样的：直觉是一种感觉，比如预感和灵感，它是创意的源头；创意来源于直觉，带给我们创新；创新又带给我们更好的产品和服务。只有好产品和好服务才能保证我们拥有好收益。那么，什么样的公司结构和管理模式才能更好地支持和鼓励这三者的综合体呢？我们应该怎样提高工作的创新力和生产力呢？

1941年，广告从业者亚历克斯·奥斯本（Alex Osborn）创造了“头脑风暴”一词。他认为传统的商业会议模式抑制了创意的产生，他希望能够设计一个新模式来激励原创，激发新观点的诞生。奥斯本认为：“头脑风暴就是运用大脑来突击某一创意难题，所有参与者需大胆创新且目标一致。”头脑风暴的规则非常简单：

不得批评任何观点；

追求创意的数量；

可以利用别人的观点；

鼓励不拘一格、夸张的观点。

奥斯本发现当自己把这些规则用到会议中后，会上的新观点简直层出不穷。因为人们不能再去指责某个观点“傻”或者“错”，所以大家都可以毫无顾忌地说出自己的观点。事实上，奥斯本说通常那些看似很“傻”的想法最后都成了很好的广告创意，所以他本人非常支持这类想法。

现在人们依旧在使用当初奥斯本提出的头脑风暴基础规则，只不过后来为了提高头脑风暴会议的效率，人们又将这些原则加以延伸，下面就是一些比较基础的原则。

头脑风暴101

苏格兰哲学家托马斯·卡莱尔（Thomas Carlyle）也曾在其著作中描述过类似于头脑风暴的概念："只有两个头脑相通时，才能碰撞出思想的火花。"《韦氏词典》给"头脑风暴"的定义是：一种自发的、利用集体智慧解决问题的办法。头脑风暴可以为一个问题找到多种解决方法，不仅成效好而且效率高。如果你也有一个需要创意去解决的问题，不妨找一群人来头脑风暴一下，目标就是在尽量短的时间内募集到尽量多的办法，无论这些想法有多么傻、多么荒诞、多么好笑、多么激进。

团队选择

首先找一个记录员。记录员负责将所有观点记录下来，最好是记在比较大的、类似海报大小的白纸上，之后把这些纸贴在白板或者会议室的墙上。这样，所有观点都清晰可见。记录员也可以使用彩笔，这可以激发成员的创意。

再找一个协调员负责撰写会议目的、组织并主持会议。开会时，协调员也需要参加讨论，同时还要鼓励所有人参与进来。协调员还需要准备一些创意小游戏，激发参与者的活力和创新力。

通常我们倾向于邀请熟悉该议题的人参加，但是不熟悉的人有时反而更能想出别具一格的创意，所以也可以请不同部门的同事参与进来。甚至可能的话，也可以让目标客户参与进来。例如你要开发玩具，那你可以请孩子们来。如果你的服务对象是家庭主妇/夫，那就请他们来。

第一次做头脑风暴小组会时，你可以提前给参与人员发一个会议须知，在上面写明会议时间、会议目的、着便装、会议主要议题以及所有有用的背景知识。

时间限制

关于头脑风暴的时间限制，目前主要有两种看法。一种看法认为不能超过30分钟。另一种认为一场卓有成效的创意会至少应该持续一上午或一下午。如果你倾向于第二种，一定要记得中间休息几次，这样才能保证参与者头脑清醒，不断产生新想法。

目标清晰

把你想达成的目标转换成一个主题突出的问句，一定要具体。如果问题模糊不清或是太过泛泛，参与者会觉得很难入手。把这个问题用醒目的大字写在大家都能看到的地方。

这里给大家列举一些比较好的头脑风暴问题：

- 要把我们的品牌定位为时尚休闲鞋，公司应该赞助些什么节目？
- 如何让商界人士了解私厨服务？
- 如何把我们的家具系列推向奢侈品市场？
- 如何低成本地让大家都知道我们的管理培训项目可以提高公司的创新力？

童书作者索斯（Seuss）博士有一句话特别适合做头脑风暴

会议的开头："左想、右想、上想、下想，不论是什么样的想法，只要你愿意尝试，我们都欢迎！"

禁止批评

头脑风暴鼓励所有想法，不论这个想法看上去多么疯狂，它都应该被记录下来，任何参与者都不可以批评或者评价别人的观点。生于公元前43世纪的罗马诗人奥维德（Ovid）曾说："新观点总是脆弱的，一声冷笑或者一个哈欠都有可能将其扼杀。一句嘲弄就可以将其捅死，一个皱眉就能让其忧虑而死。"（摘自BrainyQuote.com）这句话到今天依然适用。

头脑风暴会议本身就不是用来评估或评价创意的，它的主要目的就是尽可能多地收集观点。尤其在初期，数量远比质量重要，至于评估的事我们可以在后面做。哲学家路德维希·维特根斯坦（Ludwig Wittgenstein）在其著作《文化与价值》（*Culture and Value*）中建议我们："宁肯陷入愚蠢的绿谷，也不要待在聪明的沙漠。"我们的目标是鼓励人们想出更多点子，哪怕它们是愚蠢的、荒诞的。

产生想法

这里再给大家举一些可以激发创新的方法：

不要多虑。想自己的傻点子，让别人笑去吧！放开些，这是一个让大脑休息的好方法，就随着自己的意识流动，尽可能快地去思考吧！

尝试用你的非惯用手或者用些自己不常用的媒介，如蜡笔、油画笔或者粉笔。

准备纸笔，计时10分钟，集中注意力去思考，然后把自己认为最有创意的点子写下来。

想象你有足够的钱用来实现目标，你会怎么做？

逆向思考："我怎样才能阻止这个产品或服务成功呢？"

给自己提问，比如"怎样才能增加这个产品的趣味性呢？"或者"如何才能让我们的产品和服务独树一帜？"

填空："我希望我的产品____________。"

如果参与人员过多，可以将他们三三两两分组，然后以小组形式集中观点。

创意实验室创始人艾恩·福克斯（Ayn Fox）经常为个人和公司做创意思维培训。在采访她时，她又为我们带来很多新的观点：

人们在决定自己是支持还是反对某一个观点时总是很迅速的。其实，不论那些观点看起来多么不靠谱，它们都值得深入评估。福克斯称这种评估为"细心看护"，这个过程包括3个问题：

第一，这个想法有没有可取的地方？

第二，这个想法又有哪些不足？

第三，这些不足我们能否弥补？如果能，那会是一个好点子吗？

当团队一起解决一个问题时，她建议小组成员把自己对问题的看法"画出来"，而且不允许使用任何字词。你可以画一些有代表性的图像或者很抽象的符号。如果这个练习可以在一张纸上完成的话，就让大家在其中一半纸上画出自己当前对问题的看法，再在另一半纸上画出自己对这个问题理想化的看法。然后，让大家用这些涂鸦去交流看法，看看这两种看法有没有相似和不同之处。

鼓励大家使用比喻，比喻在这里主要有两种用法。

第一，可以反映人们对问题看法或感觉的比喻。比如，当你觉得某个问题难以驾驭，你可以将其比喻成一场龙卷风。

第二，类比，直接将问题类比为你面前的某个事物或是刚刚在对话中提到的某段经历。举例来说，你要解决某个生产问题，那么你可选择房间里任何一件东西进行类比，比如你选择的是咖啡机，你就可以说："像做咖啡那样的生产过程怎么样？"

讨论环节结束后，协调人可以放一些冥想音乐，让参与人员注意有没有什么画面突然从脑子里冒出来，如果有，想想这个画面和要解决的问题有什么联系，这也是一种制造比喻的办法。

在这些画面的指引下，让大家闭上眼睛，想象一位智者给大家分享他的解决办法。然后，让大家把自己获得的启发写下来，并进行小组分享。

头脑风暴的方法有很多，想想哪一种最适合你或你的团队。摒弃那些不适合你的办法，好好利用适合的那一种吧！

直觉训练小贴士

好的头脑风暴会议不仅能给你很多新观点，还可以提高你的创新思维能力，帮助你接收到直觉的启发。这一章我们推荐了很多方法，希望你能试一试，找到自己在工作上的创新天赋！

Put Your

Intuition

第20章 直觉创意小组的开发

to Work

How to Supercharge Your
Inner Wisdom to Think
Fast and Make Great Decisions

> 简单来说，创新力就是建立事物之间的联系。如果你去问那些创意者他们是如何得到那些创意的，他们一般都会感到有点儿心虚，因为他们真的什么都没有做，只是看到了一些别人暂时忽视的东西。等创意出来之后，大家就都看到了。所以创意者所做的就是把那些经历联系起来。
>
> **史蒂夫·乔布斯**

简·希尔斯（Jan Hills）现在主要帮助公司高层及人力资源专员相信他们自己的直觉。她在英格兰萨里郡运营着自己的咨询公司：头与心+脑（Head Heart+Brain）。她自己也承认公司名字很奇怪，但这个名字却非常简明地阐述了公司的主要业务：

人在工作时，头负责处理认知逻辑内容，心负责处理感性内容，而根据神经科学最新研究结果，大脑主要负责用最适合自己的方式将所有处理过的内容进行打包交付。

我们相信，这种工作模式能够为参与者和客户带来深远的行为变化。

简在自己多年的咨询生涯中发现："每个公司里都有那么几个人似乎做什么都是对的。他们为老板创造的收益比大多数人都多。可以说没有他们，公司根本不会成功。"

由此，简设计了一个系统，名为"成功侧写"（The Success Profile），用来帮助人力资源部门分析公司优秀的销售人员。为了建立这个系统，简走访了很多总部在中国而店铺在美国、欧洲和亚洲的奢侈品零售商。她发现，销售额最高的销售人员都拥有3个特质，正是这3个特质让他们从销售队伍里脱颖而出：

•他们真正为客户着想，而不仅仅是在卖东西。

•他们都目标明确，工作努力，把成功具体化，对自己要求很高。

•遇到刁难的顾客，他们会通过积极的自我对话，快速调整自己的情绪。换句话说，他们可以控制好自己的心态。

简说：

从事人力资源者有一点不同，就是他们已经意识到了直觉的重要性，所以他们在招聘时会利用直觉去判断应聘者是否能成为一个成功的销售人员。我的任务就是帮助他们进一步发展这一能力，让他们能够更迅速、更高效、更轻松地找到合适的人。

在与应聘者见面前，我会收集各类应聘者的照片，并附上详细的背景和阅历资料。上课时，我会把照片全部贴在墙上，让人力资源专员们写下自己对这些人的分析，包括才能、技能、优缺点。

我会要求他们特别注意自己是如何得到这些分析的，是通过某个图像，某种感觉，某个字词，还是身体上的感觉？我会给他们30分钟去完成这个练习。

练习结束后，我们会就大家的分析进行特别仔细的讨论。大家都分析完毕后，我会把照片中应聘者真实的背景和阅历读给大家。他们的分析总是惊人地准确！

你的第一印象怎么样

简记录到：

为了让大家对这个练习有更多的了解，有一次，我找了一名长得很帅气的男性的照片，事实上，他是一个绑架惯犯。

大家对此一无所知，彼此也没有通气，结果最后大家给出的印象关键词都是“危险”“不对劲”以及“不诚实”，所有人都震惊了。

简的公司还制作了新的面试评价表，里面有一个空白部分，人力资源专员可以写下自己对应聘者的直觉印象。简还传授了另外一个技巧，叫“时间暂停”。

这个技巧大概是这样的：

应聘者自我介绍之后，你要和他握手。

这时你的内心要把时间暂停，自问：“我对这个人的第一印象是什么？”

把你的印象写在空白处。

如果有人应聘成功，简要求大家在这个人工作几个月后再去看看当初的面试评价表，看看自己当初的评价是否准确。简说：“亲自验证自己的直觉印象这一步非常重要。经过培训，招聘人员会变得更自信，他们的招聘成功率也会大幅提升。”

如果你所在的公司、团队或者部门的创新力和直觉敏感度没有人力资源专员那么好，该怎么办呢？再者，每个公司都有抗拒改变的人，这部分人是最难做工作的。他们似乎讨厌一切会改变现状的想法，动不动就说“这肯定行不通”“这代价太大了”或者“我们现在就是这么做的”。说这些的时候，他们还会配上一声长长的叹息：“唉，我们之前试过的。”我把这些人称为“创意杀手”。

创意还是直觉

我曾经采访过《极富创意女性的12个秘密》（*The Twelve Secrets of Highly Creative Women*）的作者盖尔·麦克米金（Gail McMeekin），她是这样区分直觉与创意的：

创意是创造新事物的过程，比如针对某一问题的新的解决方案、新方法、新策略、新艺术形式或者新设计。

直觉是力量源泉，它可以指引人们顺利度过创意过程中的起起伏伏。它会带我们找到某一个项目或者帮我们找到目标，并指引我们走上成功之路。

换句话说，直觉是创意萌发生长的地方。直觉是内心的指引，为我们提供解决问题的方向和方法，帮助我们做出决定，还能启发我们的创意。创意是看事和做事的新方法，是直觉的产物。

对商业成功来说，创意与直觉同样重要。《即兴发挥：商业创意的艺术与规范》（*Jamming*：*The Art and Discipline of Business Creativity*）的作者约翰·考（John Kao）博士认为：“如今，只有那些不需要改变的公司才不需要创意。”所以，我们应该怎样着手培养团队或部门的创新力呢？

下面就是一些初步的做法。

调研与直觉并用

广告写手公司（Adwriter. biz）的盖里·沃特森（Gary Watson）是一名专业的自由广告文字撰稿人，他曾担任过很多海内外广告公司的创意总监，并且拿过业内很多奖。对于如何培养整个团队的创新力，他是这么说的：

首先，你得搜集所有背景信息并和客户见面，研究要推广的产品或服务，最好也找目标消费者聊一聊，了解他们的看法。然后，把自己想象成“买家”，并尝试回答“这个产品/服务的哪一点能激起我的购买欲望？”

看到产品后，你感觉怎么样？它哪里比较吸引人，让你想多看几眼？然后晚上回到家睡觉的时候，躺在床上思考这几个问题。之后的几天，也要经常思考这些问题，让思考变成自己的习惯。但是，最佳创意总是出自混乱之中。

创意和直觉一样，最好的总是在最不经意的时候出现，比如在晚上回家的火车上，在煎牛排的时候，甚至在你昏昏欲睡的时候。最有创意的人也不知道他们的创意来自哪里，但他们相信，创意早晚会来，自己需要做的就是敞开身心迎接。

创意会议通常由小组共同参加，最基本的人员包括创意总监、艺术总监、文案写手以及业务经理。创意会议就是一个观点相互碰撞的地方，大家你一言我一语，妙语连珠，互相激发灵感。

谁是会议的主导，怎样才能打开大家的思路？

与我们讨论的对象是谁？

怎样阐明自己的观点？

我们能取得的最好结果是什么？

广告业是直觉解决方案的温床，好的解决方案既能博众人一笑，又能为公司带来实际收益，比如政府雇员保险公司（Geico gekko）的蛤蚧系列广告。

创意和直觉的助推器

如果你还想获得更多创意，那试试下面这些方法吧！

让创意成为核心价值。明确地告诉员工，直觉、创意和创新对你和公司非常重要，不要只动嘴，要落实在自己的行动上。

多谈创意。大家对创意的定义是什么？为什么创意这么重要？员工要想提高创意需不需要借助工具？而你作为他们的老板、同事和领导，又能为他们在这方面提供什么帮助？什么能够激发员工的创意？什么又会抑制创意？

创造有利的工作环境。办公室的设计也能激发员工的创意，让大家想一想，找出6个可以改进的地方。有时，小小的改变就能产生很大的不同，比如给办公室刷个新颜色、在桌上摆一些创意布偶、在白板上写满有创意的话或者让大家为自己设计办公位。

举办趣味培训。皮克斯动画工作室会为员工安排芭蕾舞课程，并鼓励员工学习乐器，还会安排一些魔术课。虽然这些课程和员工的工作没有丝毫联系，但却能够提高员工创新力，从而对其工作有所助益。你可以为员工安排哪些培训呢？利用咖啡时间安排大家学语言？即兴表演课和绘画课怎么样？

开辟实体的创意空间。在房间内摆上蜡笔、彩笔、白纸和各种手工工具。鼓励员工抽出一部分工作时间到这儿来发散思维，可以适当播放一些音乐，这也有助于灵感的产生。对有些人来说，安静的环境更能让人思考，所以我们也可以提供安静的休息室。无论哪种，它们都是可以“激发工作直觉”的空间。

与大家讨论哪些是适合的方法。如果会议只关注问题的话，很容易陷入僵局。所以开会的时候，我们也要留出时间庆祝公司、部门或者办公室最近取得的成绩。

与大家讨论哪些是不适合的方法。创意不适用的情况经常出现，这没什么，人人都会犯错。广告业标志性人物李奥·贝纳（Leo Burnett）在智慧培录网站上是这么说的：“要想不犯错其实很简单，放弃一切创意。”所以，与其逃避问题，不如正面解决。

研究成功案例。公司哪个团队特别有创意？去找他们谈谈吧！如果你是一名个人业主，可以找行业内这方面的佼佼者谈谈。他们的方法是什么？最成功的实践案例是什么？你也可以召集其他人或团队一起开一个头脑风暴会议。

开辟建言渠道。告诉员工，所有新观点都可以提。每周公布一个问题，并征集员工的回答，让员工将回答写在公告板上，或者投入意见箱，或者发布在公司内网上。

做一个倾听者。领导们需要抽出时间去倾听员工的想法，否则创意很可能就被错过了。首先是仔细地倾听并收集想法，之后给予员工反馈，选择适合的创意进行实施。

制造快乐。人在放松的时候最容易产生创意。向小组、部门及公司员工征集方案，看怎样才能让大家的工作更有趣。每周至少实施一个方案，将快乐带入日常运营可以让员工迸发出创意活力。

休息。鼓励大家稍做休息，尤其是遇到时间紧、任务重的工作或者压力较大的时候，更要注意休息。有时对日常惯例做一点儿调整就能为思考过程重新注入活力。做些能让自己放松的事，比如出去散散步、喝杯咖啡或者猜个谜语以缓解压力。

“直觉”一词来源于拉丁语（intuer），原意是“探寻内心”。我们的体内和我们团队内部都蕴藏着很大的潜力。创意者会采用由内而外的工作方式，他们首先关注内心，探寻那里的智慧和灵感。内心就像一处泉眼，它会源源不断地给你提供创意，帮你开发新产品、开拓新思路、做成新生意。

直觉训练小贴士

明确地告诉员工，直觉、创意和创新对你和公司非常重要，不要只动嘴，要落实在自己的行动上。

直觉训练技巧10：激发团队创意与直觉的13个方法

> 哪里有浴室，哪里就有创意。只有那些走出浴室后依然选择践行其想法的人才能成就一番事业。
>
> **诺兰·布什内尔**（Nolan Bushnell），
> 雅达利公司（Atari）创始人

1. 在公司内网、公告板、公司简讯及群邮件中发布创意思维类文章。

2. 选择兴趣、才能广泛的员工，寻找喜欢创意活动如音乐或艺术的人。

3. 鼓励部门举行内部谈话或内部会议。让创意派与分析派相互交流，员工多元化是公司强大的重要因素。

4. 定期表彰好的创意和创新产品，比如设立奖项、发放礼品券等。

5. 在公司内设立首席创意师一职，工作职责之一就是举办非正式午餐会，组织大家讨论一些创意创新话题。

6. 在公司内找一个安静的房间，鼓励员工到这儿来进行个人头脑风暴、冥想或创作。

7. 积极推广直觉，鼓励员工敢于冒险和尝试新想法。

8. 举行一些非结构化会议，比如头脑风暴会议、趣味会议，培养员工的创意思维。

9. 接受并支持员工的直觉想法和新创意，开设意见箱，实施开放政策。

10. 鼓励员工参与创意、冥想及直觉相关的研讨会。公司可以付钱让员工去参加外面的培训项目，也可以把培训师或咨询师请到公司来为员工授课。

11. 为公司高层管理人员购买创意、创新及直觉类图书，或直接将书放在图书室里。

12. 鼓励员工就产品或服务相关创意开设博客或进行在线讨论。

13. 开会前，要求所有参会人员就要讨论的问题提交一份书面解决方案。会议开始后，将你对方案的反馈意见大声读出来。仔细阅读每一份方案，你会得到更多直觉的反馈（会议也会更积极、更高效）。

Put Your

Intuition

第21章　释放内心的创新力

to Work

How to Supercharge Your
Inner Wisdom to Think
Fast and Make Great Decisions

> 逻辑和分析总能找到创新想法中的毛病。我们可以使用逻辑分析，但面对不同事物，也要区别对待。如果直觉告诉了你一个创新的想法，那你一定要坚持久一点。
>
> **保罗·斯隆**（Paul Sloane），
> 《创新领军人》（*The Innovative Leader*）作者

“精于创新的公司才能拥有未来。”这句话来自罗伯特·B.塔克（Robert B. Tucker），他是一名出色的演说家，也是全球创新领域公认的思想领军人物。他曾出版过7本书，最近出版的一本是《创新是所有人的事》（*Innovation Is Everybody's Business*），目前已经被翻译成20多种语言，世界各地的经理人都在看。最近我采访了他关于直觉对创新的作用，他是这么说的：

过去10年，人们对创新的热情简直要爆棚。针对首席执行官们的调查显示，76%的公司高层将创新列为公司前三优先发展目标，40%更是将其列为第一发展目标。原因很明显，现在的公司要想不断发展太难了，但投资者恰恰需要发展，如果他们对你公司的投资回报率不满意，立马就转投别家，想生存下去太难了。看看那些被挤出市场的大公司们，白视达（Blockbuster，英国DVD租赁公司）、鲍德斯（Borders，美国连锁书店）、黑莓、柯达等。消费者品味的更迭、技术的更新换代甚至千禧一代的崛起等人口潮流都成了威胁公司持续发展的因素，而这些因素在与日俱增。

为了应对这些威胁，通用电气、3M以及IBM等大公司纷纷采取了系统化的创新战略。10年前，创新对公司来说还是偶发事件，冷不丁冒出来一个，大家都觉得很稀奇，而且那个时候的创新主要靠运气。如果你去看看产品生产的历史，你会发现很多产品都是“幸运的巧合”，比如阿斯巴甜、微波炉还有伟哥，但这些巧合却为世界带来了突破式发展。

可如今的世界竞争日趋白热化，公司不可能等着巧合发生，等着新一代创新产品和服务自己送上门来。他们必须将创新摆在战略位置，引进创意管理体系以求不错过、不漏过任何一个好想法。他们也在更深层次追求与消费者和战略伙伴达成合作关系，开辟敢于冒险的企业文化。

而且，当代的创新实践已经不是一系列毫无联系的活动，它已经成为一个体系。很多公司高喊“改进新产品研发过程”“来一场创意营销”或者“改变企业文化，向谷歌看齐！”，他们不明白的是，创新是一个需要公司全体部门参与的事。创新不再是少数精英的使命，不再是除精英之外的其他人只需负责执行。创新必须是一个全面的方法与过程，因为没有人知道下一个突破性创意会出自谁的头脑。

创造力帮助你产生很多想法。

创新是将想法变为现实的过程。

直觉是创造力与创新的综合，它帮你筛选出最好的创意，并指引你做出通往成功的选择。它能为你选择合适的合作伙伴。（还能帮你规避不合适的人！）

以上三者都非常重要。1986年，我重点研究了一本名为《稳赢创新战》（*Winning the Innovation Game*）的书，为此我还实地走访了当时50位创新领军人物，比如小儿麻痹症疫苗的发明者乔纳斯·索克博士、联邦速递创始人弗雷德·史密斯（Fred Smith）以及有氧舞蹈的创始人杰基·索伦森（Jackie Sorensen）等。

在和他们交流的过程中，我发现所有人都提到了直觉，并说自己是直觉派。他们相信直觉，运用直觉去解读人们的动机，去做人事任命。一位企业家告诉我，哪怕数据分析显示某个决定能为他带来巨额，只要他感觉有危险，就绝对不会做。

显然，直觉是他们决策过程的核心。直觉能够帮助他们发现潜在的机会和问题，洞察消费走向和消费热点，从而开发出受市场欢迎的产品。

我把这种直觉称为“既有直觉”，因为它更像是人们在某一领域——如商业领域的经验积累的结果。也许你在面临决策时，还是会倾向于先进行信息搜集和调研，但说实话，即便你做完这些，有可能也和之前一样困惑。这就到该直觉出手的时候了。根据我对这些人的走访以及我自己近30载的从业经验，我认为我们需要倾听直觉的引导。

说起来容易，做起来难。现代商业的发展速度太快，人们的需求日新月异，大部分人并没有足够的时间可以进行反思。我们每天到处奔忙，有120封电子邮件等待回复，会议还一个接一个，所以我们总想方设法提高工作效率。我们给自己打了过多的鸡血，为自己排了过多的日程。我们要操心的事太多，每天都接近崩溃。就这样，我们只能在匆忙中决策，经常是脑子里还想着别的事，嘴里就已经说出了决定，没有时间考虑是否还有其他选择。

我已经给47个国家的公司高管和经理上过创新战略、创新过程及创新文化方面的课。每次在课上，我都会告诉他们要摆脱过于劳累的工作方式，否则不仅会把身体搞垮，也会毁掉他们的创造力。我教他们心态管理的技巧，并要求他们为自己挤出一块“梦想空间”。这一点非常重要。如果你曾听过我的演讲，那你一定听过“道格日”（Doug Day）这个词。道格是指企业家道格·格林（Doug Green），我曾前往他在宾夕法尼亚州纽霍普市的办公室采访他，他告诉我，自己每个月都会空出一天“和自己约会”。这一天，他不再查看邮箱，甚至连办公室都不去，只会专注于思考。现在团队的人员结构合理吗？我们的计划实施得怎么样？最近有哪些值得关注的潮流？这一天，他只倾听直觉。

直觉还能帮助你解读人们的真正意图和性格，提醒你注意潜在的问题，给你灵感，为你提供棘手问题的独到解决方法，帮你迅速找到问题所在。只有你排斥直觉时，它才会罢工。我经常说，人在走投无路或过于贪婪时，直觉也会枯竭。换句话说，人在绝望无助或缺乏安全感时，总是倾向于否定自己的直觉。

在采访快结束的时候，塔克激情豪迈地讲述了他对未来商业的看法，尤其是在谈到日新月异的技术创新时，他丝毫不掩饰自己对这一话题的兴趣。在数字时代，人们会因为认为直觉相形见绌而将其淘汰吗？大数据和算法会成为所有决策的风向标吗？那些习得人类倾向与个性再反过来猜测我们的便携式超级电脑会成为人类未来咨询的对象吗？就这些问题，罗伯特说：“不会，我反倒认为直觉会变得更重要。”

挖掘自身内在的创新力

我们如何才能更好地使用海量的信息并挖掘自身的创新力呢？

保持好奇。把自己沉浸在某个问题之中，不断地审视这个问题，与人讨论这个问题，抽时间研究这个问题。做这些事时，注意哪些方面激起了你的好奇心，哪些方面让你想多了解一些，哪些方面为你带来了进展，这些都是内在创新力给你的线索，跟着它们，你就能找到正确的方向。

具象思维。如果这个创意、产品或服务能够成功赢得市场的话，那将会是什么样子，你的感觉又会是怎样的？把你的想法和感觉具体化为一幅图片。你在做这个练习时，直觉会给你一些线索，这些线索能帮助你轻松实现目标。

独树一帜。不要看竞争对手做什么就盲目跟风做，创新者总是独树一帜，敢为人先。你之前有没有忽略过某个潜在市场？

另类思考。假设有人预测你的公司（产品、服务、想法）在今年会大获全胜。拿出笔记本，写一写你到底应该怎样做才能获得成功。如果潜在的失败给你的刺激更大，你也可以假想失败，比如今年惨败。写写自己是怎样失败的，怎样做才能避免？

换位思考。你最大的客户刚刚打来电话，说他转投了你的竞争对手。假设你可以读懂他的心思，想想他放弃你的原因有哪些？要把他留住，你需要开出什么样的条件？你愿意为此开发新产品吗？

关注自己最好/最差的决策。回想自己曾经做过的最成功的决定是什么？当时你的情绪是怎样的？身体感觉怎么样？你是怎么知道那会是个好决定的？然后想一个自己做过的最坏的决定，问自己同样的问题。下次当你想出某个创意时，留意你的感觉，这是直觉反应系统给你的信息。

来自《商业2.0》读者的投票。你的公司（创意、产品、服务）被选为年度创新企业。读者们给出的评语是什么？你希望他们怎么说？你希望这能给你带来什么样的商业机遇？

鼓励幻想。如果你获得了想都不敢想的成功，你的生活将会是什么样子？（你的团队、你的公司将会是什么样子？）尽可能夸张地去想象，根本不可能发生的也可以想！你会得到什么荣誉或奖项？谁的认可对你来说最为重要？我们经常限制自己做梦，但这往往也会淹没直觉的声音。

尝试不同角色。去做些不一样的事，哪怕要赌上自己部分的事业和人生！勇敢踏出自己设定的舒适区！把自己想象成有创意、有想法、自信并受大家欢迎的人，带着这种感觉去工作。你觉得怎么样？这个“崭新的自己”有没有想到什么新想法？

包容混乱。创新的解决办法不一定拥有漂亮的外壳。它们有时是狂野的，有时是混乱的，有时是难以预料的。你在进行逻辑推理时，创意是不会出现的。我们一定要有耐心，坚持去试，这个不行，也许下一个就成了。

笑口常开。笑对生活的人最容易获得直觉。我想用我最近看过的一个漫画结束这一章。这个漫画讲的是艾萨克·牛顿爵士发现万有引力定律的故事。当时，有4个人散坐在田野上，他们都手拿一沓纸倚靠在苹果树的树干上。这4棵树中，有3棵树上的果子大小比较均匀，只有剩下那棵树上有一个苹果特别大，而且正好悬在一个人的头上。画上写着："他不是牛顿又是谁呢？"

直觉训练小贴士

让自己沉浸在某个问题之中，不断地审视这个问题，与人讨论这个问题，抽时间研究这个问题。做这些事时，注意哪些方面激起了你的好奇心，哪些方面让你想多了解一些，哪些方面为你带来了进展。这些都是内在创新力给你的线索，跟着它们，你就能找到正确的方向。

Put Your

Intuition

第22章　内在的创意天才

to Work

How to Supercharge Your
Inner Wisdom to Think
Fast and Make Great Decisions

> 空气中充满了创意，它们无时无刻不在敲击着你的脑袋。你要先知道自己的诉求，但不要让它束缚你，之后你还是该干什么就干什么。突然有一天，创意自己就来了，但其实它一直都在你的脑子里。
>
> **亨利·福特**

当你需要快速获得创意时，你会怎么做？找咨询师？把问题甩给别人？还是只会感到焦虑？这些都不是正确答案！其实你体内就有一个创意天才，这时的它已经在摩拳擦掌，只要你点头，立刻就能为你提供帮助。跟着下面的建议，启动这个天才吧！创意大师爱因斯坦曾说："困难中自有机遇。"（摘自ThinkExist.com）所以不要灰心，你需要的帮助就在前面等你。你只需要拿起纸笔，挽起袖子，完成下面的练习，看，答案就出现了！其实，答案一直都在你心里。

提出正确的问题

对你来说，目前最大的挑战是什么？将其至少转换成5个问题，比如：

•怎样才能留住员工？

•留住员工的最好方法是什么？

•人才流失的原因是什么？

•为什么会有这么多员工离开公司？

•怎样才能吸引剩下的员工留下来？

这样转换就可以。现在看着这些问题，把最吸引你的那个问题圈出来，或者圈出你最先看到的那个。你是否还记得上学的时候，老师提了一个问题，你恰巧知道答案的那种感觉？看哪个问题给了你这种感觉，现在回答这个问题，并为其找到解决办法。

关注解决方案

也许你并不知道这个问题确切的解决方法。但是，我们可以通过很多方法去集中精力想出这个办法。自问下面这类问题：

•怎样才能知道问题已经得到解决？

•解决的标志是什么？

•问题得到解决的感觉是怎样的？

•解决这个问题会给我的生活（事业、团队等）带来什么影响？

•成功是什么样子的？当我们开始将注意力集中在自己希望的结果上时，我们的直觉便开始为我们提供通往成功的最优途径。

•________会怎么做呢？在空白处填入某个你尊敬的人，可以是你的前老板或现老板，你的邻居，你的父母或者某个历史名人。你选择谁并不重要，只要你认为他有能力做出这个决策就可以。闭上眼睛，想象你就是这个人。他会如何看待这个问题？把你所有的想法写下来，包括看起来不可能的、很傻的、很奇怪的想法，其实这些通常是最棒的想法！

与内在批评员做朋友

新想法总会点燃我们体内批评员的批评热情，这也是产生新想法最困难的部分之一。比如，你会听到这样的声音——“这是个愚蠢的想法”“这肯定行不通”“你以为自己是谁？”，我来赶紧补充一句，我们内在的声音（直觉）与我们内在的批评员本来就势不两立。直觉给出的信息总是善意和冷静的，让我们感受到希望与乐观，而批评员恰恰相反。艺术家、诗人威廉·布莱克（William Blake）曾说：“所有伟大的发明、理念、事业和解决方案曾经都只是某人脑袋中的一个想法。现在已被证实的一切曾经都只是人们的想象。”（摘自Blake Society网站）为了不阻碍这些伟大的想法产生，与你内在的那位批评员做朋友吧！感谢它帮你评估想法，同时告诉它：这些想法也需要时间证明自己，请尊重我的创意过程。在给自己的想法下定论前，请给它们成长的时间！

像外星人一样思考

一个外星人从遥远的星球来到地球，他肯定有各种各样的问题要问。因为之前他对地球没有任何了解，所以他愿意接受所有与地球有关的信息。把自己想象成这个外星人，你会想要了解这个问题的哪些方面？爱因斯坦说过：“刚刚萌生的想法都是荒谬的，否则它们不会有成长的希望。”（摘自Think Exist网站）把问题写下来，快速作答，不要漏掉这个过程中的任何想法，也不要对它们进行任何评估。

快速书面问答

很多人都会在决策问答中获得直觉给出的灵感。比如，他们会这样写：

- 雇用玛丽能提升公司的销售业绩吗？
- 雇用她会是个好选择吗？
- 她能与其直属领导有效沟通吗？
- 她有团队协作意识吗？
- 她的优点是什么？
- 她的缺点是什么？

写完这些问题后，只要想到答案就立刻写下来，不要停下来去分析答案。

每次遇到新问题，都可以重复这一练习。完成直觉这部分的练习后，再去评估答案。

质疑自己的假设

当你对某个人、观点或情况的假设错误时，你可能会有一种陷入困境的感觉。这时，我们要敢于挑战这些假设。自问“这个问题可不可以换个角度看？”或者“他为什么会这么做？”不要被表象蒙蔽，它下面可能隐藏着能解读全局的关键信息。试着从不同角度去探索问题，别人会怎么看？旁观者又会如何解读这个情况？尝试用不同方式去看待同一个问题。每次自己想当然的时候，都要学会质疑。

逆向思维

英国数学家阿尔弗雷德·诺尔斯·怀特海德（Alfred North

Whitehead）曾说："愚蠢的问题有时是新发现给我们的第一个暗示。"（摘自BrainyQuote.com）所以，有时换一个完全不同甚至完全相反的视角，反而更能帮助我们找到创新的解决办法。如何操作呢？首先，写出你工作上要解决的问题，比如："我们希望提高亚洲区零部件的销售额。"然后快速回答这个问题："怎样才能确保这些零部件不会在亚洲销售？"一定要享受这个有趣的过程！因为你要找的就是那些足以惊掉人下巴的想法。回答完毕后，找出那些比较吸引你的答案，对其进行反转（即该问题的对立面），并对最后得出的解决方案进行评估。

撇开问题

很多人告诉我，他们在不积极寻觅解决方案时，反而最容易得到好办法。所以当大脑陷入某个问题时，做些分散精力的事，比如看电影、去咖啡店喝咖啡、开车兜风、跑步、购物、散步、读一本有趣的书或者在户外餐厅发呆。放空几个小时后再回来思考这个问题，你也许会对那个灵思泉涌的自己感到震惊！

接受新可能

日本禅师铃木俊隆（Shunryu Suzuki）曾在《禅者的初心》（*Zen Mind, Beginner's Mind*）一书中写道："初学者的心中有无数可能，行家的心中则所剩无几。"有时，我们能否接收到直觉全看我们是否还怀有初心——那颗好奇、积极、着迷的心。

听一些挑战你口味的音乐；换一条路线去上班；把车速放缓；如果平时开车的话，试试搭地铁或公交；外向的人试着少说话、多倾听；害羞的人试着自信外向些；用另一只手完成这一页的练习题。做些需要创意的事，比如学习打毛衣、学一门外语、尝试新菜谱。为自己寻找新的爱好，读一本你平时不会看的书，比如你经常看一些商业书籍，现在可以试着读一下犯罪推理或者爱情小说。一定要享受这个过程！做这些的唯一目的就是告诉自己的直觉："我愿意接受一切新可能。"直觉会回馈你丰富灵感。

搜集舒适区之外的想法

大多数人会选择和自己相似的人一起玩。有艺术气息的人比较可能与创意派交朋友，比如导师、咨询师、营销人员或设计师等。再比如工程师和信息技术专家也会找类似职业背景的人做朋友。但是，创意往往诞生在不同观点的碰撞之中。作家弗朗西斯·斯科特·菲茨杰拉德（F. Scott Fitzgerald）说过："真正的艺术家是那些既能同时持有两个对立观点，又能正常生活的人。"（摘自AZQuotes.com）那么，我们舒适区的外围有没有可以给我们提供有益反馈的人呢？他们的新鲜观点也许可以帮助我们找到新思路，甚至为我们带来最佳直觉灵感。

万一有好事发生呢

我注意到，处于人生低谷的人更容易往坏处想，他们总以为自己的行为或决定只会带来更糟糕的结果。比如他们经常这样想："如果我做了X，万一Y发生了呢？"这里面的最终结果Y通常不是什么好事。通常，他们先给自己编一个故事，并给这个故事安排一个非常凄惨的结局，然后说服自己相信这个故事。他们不希望这个结局发生，可又没有其他方案，最后只能又回到原点。

如果给自己讲一个不同的故事呢？毕竟我们不是可以准确预

知人生的神人，所以那个坏故事也不一定就会发生。我们应该为自己设想各种可能性，在这个过程中，留意自我对话情况，也许就能从中找到自己思维狭隘、无法突围的原因。

让直觉缪斯告诉你答案

本书前面提到过，有时情况需要，我们必须立刻想出创意，这时人容易紧张焦躁，可我们越急于得到答案，越得不到答案。我想每个人应该都曾有过类似的体验。我们不妨反其道而行，让直觉缪斯为我们拓展多种选择。哲学家埃米尔·查特（Emile Chartier）曾说："被视为唯一出路的出路最危险。"（摘自WikiQuote.com）

首先，明确自己需要获取哪些方面的新鲜想法，在笔记本上用一两句话概括出来，在继续下一步之前先休息15分钟。如果在家，你可以洗澡、洗碗或者逗猫；如果在办公室，你可以散步去茶水间、跟同事聊天、去贩售机或咖啡店买零食或者仅仅是乘电梯到大堂兜一圈。15分钟后，拿起笔记本，记录下你此刻的想法。特别棒的一点是，你的直觉缪斯将会很乐意帮助你，它们在等你布置任务。

《爱丽丝梦游仙境》中有一段非常好的对话值得大家借鉴：爱丽丝笑着对女王说："尝试是没有用的，人是不会相信不可能的事情的。"女王说道："我敢说你从来都没试过。我年轻的时候，每天都留半个小时去做那些不可能的事。结果，每次在早餐前，我就已经找到6个可以相信的不可能了。"希望大家每次在开发新想法时，都能借这个故事为自己鼓劲。

愿你相信所有不可能，缔造出自己所有美好的可能！

直觉训练小贴士

我们总是过度关注自己不想要的结果。其实，我们应该多思考自己想要达到的目标，多向直觉求助，比如问它“怎样才能提高销量？”“我对这个应聘者的第一印象怎么样？”把问题和答案记下来，随着得到验证的答案越来越多，你对直觉的信心也会越来越强。

直觉训练技巧11：善用内在天才

> 激情生天才。
>
> **托尼·罗宾斯**（Tony Robbins），
> 作家、演说家

日本索尼公司的创始人兼董事长井深大先生曾在采访中被问道：“您成功的秘诀是什么？”他说他有一个习惯，每做一项商业决定前，都会喝花草茶。在喝之前，他问自己：“我应不应该做这笔生意？”如果茶水喝了不消化，他就不会做这笔生意。他说：“我相信直觉，且知道它很重要。我的脑袋不怎么聪明，但我的身体却还行。”大家可以在罗德·史崔克（Rod Stryker）的《四个欲望》（*Four Desires*）中找到完整的采访。

找一个自己最近做过的好决策，它可以是带来产品大卖或客户好评的决策，也可以是你自己比较满意的。无论是什么样的，把它记到脑子里。

这个决策很有可能是理性分析的结果，但也有可能是强烈直觉的产物。如果你想知道直觉怎样才是在给你肯定的答复，那请你花一点儿时间完成下面的练习。

首先回答下面的问题：

•你怎么知道那会儿是正确的决定？

•身体哪个部分有反应？

•你是受某种感觉或情绪驱使后才做出这个决定的吗？

•闭上眼睛，思考这个决策，你脑海中出现了什么画面？

•在你思考这个决策的过程中，你有没有听到某个词或某些词？

•为什么这个决策能从那么多决策中脱颖而出？

•如果将来直觉又传递给你类似正面的反馈，你怎样才能识别？

再找出一个错误决策，重复以上练习。这个过程也许会让你感到痛苦，但却能为你提供很多有用的线索。下次你就能知道这是直觉在提醒你，你选择了错误的方向。

最了解自身和自身直觉反应的人就是你自己。直觉有其独特的语言，我们只有将其恰当地翻译过来，才能明白它要传达的智慧。

Put Your

Intuition

第23章　直觉营销的力量

to Work

How to Supercharge Your
Inner Wisdom to Think
Fast and Make Great Decisions

> 成功的营销人都是商界的“大人物”。他们是洞察人性的高手，且善用语言和直觉与客户建立关系，并游说他们消费。
>
> **史蒂芬·马丁**（Steve Martin），
> 《大人物的营销路》（*Heavy Hittler Selling*）作者

我们在推销某个产品或服务前，会尽可能多地搜集信息，并进行调研。但是，有时数据无法告诉我们客户真正需要什么，以及如何高效地与个人或团队协作。这时，直觉就成了最有价值的调研工具。

成功的营销需要我们在潜意识中处理数百条信息，只有更好地开发、利用直觉才能做到这一点。你是该继续喋喋不休地向客户推销，还是该暂时后退、伺机行动？客户是被低价打动，还是看中公司产品或服务的高质量？虽然大多数情况下，逻辑分析可以为我们提供这些信息，但有些情况，我们只能通过直觉寻求答案。惠特利集团是一家专供口才培训与咨询的跨国公司，该集团董事长理查德·惠特利（Richard Whiteley）也是论坛公司（Forum Corporation）的联合创始人之一，他一步步把论坛公司打造成了一家拥有700名员工的培训及咨询公司。直觉是惠特利得以成功的重要原因，他曾在其有关服务营销的演讲中分享他的直觉经验。在接受采访时，他说：

推销人员在利用直觉时可以脱离其原有套路，把精力集中在客户或发展前景上。很多培训课程都要求销售做好营销计划，比如遇到这种情况你该怎么说，要达到那种效果你该怎么做。然后便到了验证的时刻，你走进客户的办公室，开始执行你的这套计划。

当然，列计划是一个很聪明的做法。但如果这个计划并没有切中客户或发展前景的需要，哪怕你的计划做得再天衣无缝也于事无补，客户还是会将你的计划列为次要选择。虽然被拒绝的滋味不好受，但这都是因为你前期没有把对客户的脉，而直觉可以在这方面给你很大的帮助。直觉是一种敏锐的洞察力，且随时听你差遣。有了它，你不需要推理或找到切实佐证就能取得突破。而且，在你探索营销世界的过程中，直觉会是一个非常好用的工具，你将从中受益匪浅。所以，在你试图弄清楚客户需求之时，一定不要忘记善用直觉。

在一轮轮你来我往的对话中，营销人员可以通过直觉洞察出客户的需求，从而赢得客户认同，如果进展顺利，你还能让客户发现你所推销的产品或服务的闪光点，让他对其产生深刻印象。当客户说“我从没想到过这个”，你就成功了。这句话可以证实，你的营销对客户来说是有价值的。

既然直觉如此重要，那我们为什么不在营销中更多地使用它呢？还记得前面提到的营销计划吗？我们把每一步都规划好，然后照章执行。这种行为本身就已经把客户排除在外了，好像客户就会乖乖待在那儿，耐心听完我们那完美的说辞，然后我们就能顺利拿下他一样。营销并不只是把产品夸得天花乱坠，而是要为对方创造价值，无论他是真正的客户还是潜在的客户，无论今天有没有合同要签。

要想做到这一点，我们需要“全身心倾听”，不仅要听对方说的话，听懂他的言外之意，还要看他的精气神、他的肢体语言、他怎么和你打招呼、他对屋里其他人怎么样、他的座次怎么样。这些小线索都能反映他的需求和偏好。“全身心倾听”能为你带来直觉突破，让你在竞争对手中脱颖而出，成为客户眼中的“净值创造者”，并帮你制定先发制人的商业提案和推销词。

马克曾参加过惠特利的培训项目，他表示正是这次学习帮他成为业内的本土销售领军人物。我问他成功的原因是什么，他说每次见客户之前，自己都会闭上眼睛，让头脑冷静下来，拿起笔，问直觉：“我需要了解对方的什么？”一旦自己接收到任何画面、字词或是感受，他会立刻写下来。通常写着写着，他就有答案了。他的竞争对手估计想破脑袋也想不出马克的方案。

我采访过的很多直觉型营销人员都有和马克类似的技巧。他们有的在见客户前先在脑海里问自己一些问题，有的则有一套程序，比如关上门，闭上眼睛，非常正式地问直觉一些问题，例如如何有效地与客户沟通。

见客户前的准备

在见客户或与客户交谈前，很多专业的营销人员会做一些热身，后面的练习就是其中一种。通常，我们一开始并没有机会去观察对方的身体语言，甚至没听过他的声音，而且有时我们除了姓名，对对方一无所知。我并不想把直觉神化，但这时还是请大家尝试问一下直觉。运用开放的思维加上一些练习，你会发现直觉真的可以帮助你与客户愉快地沟通和谈判，从而提高你的销售业绩。

畅销书作家丹·平克（Dan Pink）最近出版了新书《全新销售》(*To Sell is Human*)。在书里，他谈到积极自我谈话的好处，这个话题我也会在最后一章和大家讨论。在打推销电话前，跟自己说："丹，你可以！你能行！你很棒！"这些鼓励的话能带来积极的结果。

但是，平克的研究发现了一种更有效的方法——自问谈话。他会问自己："丹，你能做到吗？要怎么做呢？"他建议提一些能引发正面反馈的问题。

当你问自己"我能做到吗？"大脑通常会给出一个肯定回答，并做出解释，比如："我能，我了解他的公司，我的产品又很好。我也调研过，我已经准备好了。"

"我能做到吗？"这个问题还能促使大脑真正地去思考，并倾听回答。你可能会想："有几件事也许我可以做得更好，先把这些改过来，我会更自信。"这就是你在准备，在倾听直觉。所以，快把这个好问题列入自问清单里吧！

打推销电话前的练习

在你给下一个客户打电话之前，请尝试下面的练习。空出至少15分钟完成下面的问题。你可以换掉其中的一些词或者添加适合自己的问题。作答一定要快，不要琢磨那些答案。

现在你应该知道直觉与你沟通的首要方式了，但在这个练习中，你需要关注自己在看到每个问题时直觉给你的所有反馈。比如，在回答问题4时，你接收到的可能是一幅画面：客户空手走出房间。（注意：这时你并不需要进行解释。）

看到问题5时，你接收到的可能是信息：这家公司存在严重问题。

看到问题7时，你接收到的可能是一句话：我们可以提高客户回头率。

同时也要注意身体上的感觉。比如，在回答问题10时：你身体的感觉可能告诉你答案为否。

现在我们开始这个练习。闭上眼睛，慢慢呼吸，放轻松，关注自己，这时的你最容易接收到直觉反馈。在脑海中想象客户或对方公司，然后把精力集中在对方身上。

也许直觉不会就每个问题给你反馈，没关系，直接跳到下一题就可以，之后我们可以再回来。如果之前没有做过类似的练习，你可能觉得自己在瞎编乱造，这也没关系，后面我们会对答案进行验证。留心观察，把你的感受、你听到的声音和看到的画面都写下来就可以了。保持开放的思维，让信息自然地浮现，现在不要去判断对错，后面我们会一一进行评估。

1．公司名称。

2．预期客户的名字。

3．我需要了解客户的哪些信息？

4．对方现在面临的最大问题是什么？

5．不解决这个问题的后果是什么？

6．我（我的产品/服务）怎样才能帮助他们解决这个问题？

7．他们想创造什么样的机遇？

8．实现这一目标的最好方式是什么？

9．除了提供产品或服务，我还能给他们提供什么样的帮助？

10．我想和对方合作吗？如果不想，为什么？

11．我还要特别注意这个团队（公司、部门）的哪些方面？

12．我应该了解竞争对手的哪些信息？

13．怎样才能赢得这个客户？

答案评估

你的直觉反馈意味着什么？现在你有足够的信息和自信去面对客户了吗？建议大家为这个练习单独准备一个笔记本。获得自信的唯一办法就是将你获得的信息付诸实践。

打过电话之后，再拿出笔记本看看你写的信息，借此机会去评估你所收到的直觉信息。哪些是“准”的？哪些对你有帮助？哪些没帮助？你在打电话时，有没有保持直觉“在线”，有没有倾听直觉的想法？还是你依然更关注自己那套说辞，而忽略了直觉？

你所接收到的信息中有没有不准确或者错误的？其实这也没关系，因为我们毕竟还处在开发直觉阶段，这些错误可以帮我们进一步筛选直觉信息。直觉开发和学开车或者打壁球一样，你实践得越多，做得就越好，坚持下去，直觉可以变成你的第二天性。

当然，这个练习并不能取代营销电话前的其他正常准备工作。你还是得去读对方的年报，浏览他们的网站，看看媒体对他们的评价。只不过现在，你手里还掌握了更多、更有用的信息。

你会发现上面大多数问题的核心还是买方以及他们的需求。问“我能从这笔交易中得到什么？”的问题并不能帮助你拿下订单。传奇演说家、销售天王金克拉（Zig Ziglar）曾在其个人网站上直言：“你可以得到你想要的一切，但前提是你要先帮助足够多的人得到他们想要的。”

3本畅销书的作家吉尔·康耐斯（Jill Konrath）最近出版了新书《敏捷营销》(*Agile Selling*)，这本书可以帮助营销人员在瞬息万变的营销世界中取得成功。它不仅能帮你入门，还能帮你赢得大订单。吉尔强调，我们必须重视“运用大脑，为潜在客户和现有客户着想”。

吉尔还说：“有些人只顾着灭火，却不从根本上解决问题，不懂得战略思考，忽视创意和反思的价值。而把商业理念用到人际关系上的人，是不可或缺的营销人员，他们通常不战而胜，而且赚得盆满钵满。”

吉尔也提到，直觉可以帮助我们了解顾客，给我们启发，为我们制定独特的营销策略。内在的声音会告诉你“试试这个”“这就是你需要的信息”“查一下这个”。聆听那个声音，成功的人都会这么做。

直觉训练小贴士

在打下一个营销电话前，闭上眼睛，深呼吸，问自己两个问题——“对方现在面临的最大问题是什么？”停顿一下，“我的产品（服务）怎样才能帮他们解决那个问题呢？”与直觉沟通，听听它的答案。

Put Your

Intuition

第24章　直觉营销专家

to Work

How to Supercharge Your
Inner Wisdom to Think
Fast and Make Great Decisions

> 销售不是你努力就能完成的，它是在你为客户服务的过程中自然发生的。
>
> **佚名**

想象你有一个特别可靠的线人，他随叫随到，并掌握买方的第一手咨询。他们需要服务吗？当然。他们看中的是质量吗？是的。他们是不是就想赚钱？让你猜着了。

其实你并不需要想象，只要多加练习，你也可以熟练找到营销方案的切入点，找出最好的办法实现目标。那我们是应该被动等待还是主动出击？是应该做事实派还是做情绪派？当你知道如何运用直觉后，你也就可以拿下订单了。

很多成功的销售领袖都有一个秘密武器，那就是直觉。如果你问他们，他们很可能只会说“就是一种感觉”。听起来是不是很熟悉？肯定很熟悉吧，因为无论你承不承认，你应该也体会过这种感觉，只不过你可能忽略了。

事实上，每个营销人员都曾收到过直觉信息，它告诉他们如何有效地与客户和顾客共事。这是一种天赋，也是一种技能，你实践得越多，用起来也就越顺手。罗伊·罗恩（Roy Rowan）曾做过一个直觉调查，并在接受商业杂志网站BizJournals.com采访时说："那种感觉，那个大脑深处传来的声音，也许隐含着很多信息，那里面有事实也有印象，而且可能比数小时数据分析得出的信息还要多。"那我们应该怎样去运用这么丰富的信息呢？能有效运用直觉的人一般有以下特征：

- 为自己设置多种可能，而非只是按照套路敷衍了事。
- 能洞察客户心态和思维的变化，并以此采取有效应对方案。
- 即便是在问题模糊不清的情况下，也能应对。
- 在混乱情况下，能保证冷静专注。
- 能洞察言外之意，把话说到明处。
- 为各种疑难问题找到双赢解决方案。
- 即便数据缺乏，也能解决复杂问题。
- 鼓励别人，也鼓励自己。
- 预判问题，并在危机出现前找到解决方案。
- 适应各种文化、多样性和各种信仰。
- 关注相似点而非不同点，善于联想。
- 能深层次倾听别人的需求和欲望。

看完这些特征后，你也许会更想学着去开发和利用直觉，更想体会这位可靠线人带给你的成功。我曾采访过很多直觉派营销专家，下面就是他们给出的建议。

保证"内在营销人员"的积极性

你如何看待自己未来的人生和销售生涯？正面"自我谈话"的结果是可以反映在你的个人和职业生涯中的。我们来做个简单的实验。闭上眼睛，用30秒的时间重复告诉自己下面的话："我永远无法领先，我不适合销售，这个月我肯定完不成任务。"你有什么感觉？郁闷，泄气，绝望？

现在我们换些其他的话试试：

- 问题总会解决的。
- 我正在学一些新技能，情况已经有所改观。
- 今天我要多为自己创造机会，提高收入。
- 我的产品很好，我非常想让别人知道。

现在感觉怎么样？积极，乐观，更自信了？人处在这种状态中时，最容易获得直觉信息，这些信息将让你走上营销的康庄大道。

沉默的力量

任何一位成功的营销人都会告诉你，有时候最应该做的事是沉默。有时，你也需要让大脑静默以收取有价值的直觉信息。当你需要直觉帮你做出决策时，先停下来，深呼吸，思考那个问题，然后等待直觉来与你沟通。直觉通常是"沉稳、安静"的，它不会大吼大叫，总是很细腻。事实上，有时你以为是自己在编造答案，但要知道你获取的智慧是否准确只能等到你践行它的那一天。如果办公室不适合安静地沉思，那就离开办公室，出去走走，或者去车里坐坐。

关注自己的精力

如果某个营销策略或决策让你觉得浑身无力或烦躁，这是直觉在明确告诉你"这个不行"或者"找些其他办法试试"。相反，如果你觉得很有精神或热情，这就说明直觉支持你继续这个行动计划。

为自己留一些休息时间

有些人为了有效利用工作日，恨不得把每时每刻都用来做电话推销。这也许有些道理，但直觉营销专家肯定不会这么做。他们重视每一个喘息的机会，并利用这段时间反思、放空或者思考。有人曾告诉我："我在力不从心和压力过大时会丢掉更多的订单。但如果在每天的日程中留出休息时间，我就会比较放松，很多事情自然而然就做成了。我总能在合适的时间找到人，我也不用去追赶机会，机会自然就来到我身边。我觉得理顺后的自己就像个订单吸铁石。"

展望成功

每天留出一点时间来设想一下自己理想的工作生涯。成功是什么样的？拥有成功是什么感觉？想象自己现在就已经获得了成功，穿的是什么衣服？感觉怎么样？身边有什么人？我们总能清楚地知道自己不想要什么，而要想获得成功，我们也需要花些时间去思考自己想要什么。完美的一天、一个月甚至一年应该是什么样的？弄清楚自己想要什么是实现它的第一步。成功的人会把目标和梦想具体化。只有你知道自己想要什么，直觉才能帮助你实现它。

注意你发送的信息

约翰·阿萨拉夫（John Assaraf）拥有4个价值数百万美元的生意，他现在经营的一号导师公司（One loach）主要做企业家培训。在销售培训课上，他建议学生关注自己的自我对话。在接受我的采访时，他说："如果你的想法是'我只有把产品推销出去才会有钱还房贷或者车贷'，那你的精力显然用错了地方，而且你的客户很快就能发现这一点。”阿萨拉夫建议学生把重心放在一些好的品质上，比如善良、诚实、关心他人、真诚以及奉献。他说：“你得让客户对你有好感，让他想和你做生意。态度也许不能立即为你产生业绩，但从长远来看，它肯定能对你有所帮助。”

创建你的完美顾客

诚然，没有人喜欢和自己讨厌的人共事。我们每天和客户待在一起的时间最多，谁都不想和暴躁、难缠、苛刻的人在一起。所以现在反过来想想，以前你最喜欢和什么样的人一起工作，然后开始主动吸引这样的人。

史黛丝·霍尔（Stacey Hall）和简·布罗尼克（Jan Brognicz）是《吸引完美顾客》（*Attracting Perfect Customers*）一书的作者，两人也是这方面的专家。他们建议我们不要去寻找完美顾客，而是去吸引他们自己前来。听起来美好得不太真实吧？但他们认为这其实很容易实现，有时甚至不费吹灰之力，但前提是你要做一个“完美顾客”清单。

你会怎样去形容他们？他们有幽默感吗？你喜欢他们也许是因为他们会按时付钱，也许是因为他们欣赏你努力工作，也许是因为你们有相同的价值观。不论出于什么原因，先列一下完美顾客的特点。

这个清单能够“启动”你的直觉，下次你在电话推销时，记住清单上的内容，问问直觉：“这个人或这家公司符合完美顾客的标准吗？”如果一想到可以和他们合作，你就觉得兴奋、开心、特别有精神，注意，这是你的直觉在给你肯定的回答！

不要着急，你会成功

记住，一定要抽出时间定期询问直觉。过不了多久，你就能感受到敏锐、强烈、准确的直觉。虽然人们经常把直觉列为秘密武器，但对于它的开发却毫无秘密可言。照着我在本章给出的建议去做，你很快便能体会到直觉的强大优势！下一章我会告诉大家一些更详细的技巧，敬请期待！

直觉训练小贴士

有时，我们也需要沉下心来去接收有用的直觉信息。如果你需要直觉帮助你做出某个决策，首先停下手头的工作，深呼吸，反复思考那个问题，之后直觉就会告诉你它的想法。

Put Your

Intuition

第25章　直觉派另类思考的8种方法

to Work

How to Supercharge Your
Inner Wisdom to Think
Fast and Make Great Decisions

> 学会相信直觉，遵从直觉的指引，对于长久的成功至关重要。我一生一直在倾听直觉那微弱却沉稳的声音，而每次我犯错的时候都是因为我忽略了这个声音。
>
> **奥普拉·温弗瑞，**
> 脱口秀主持人、演员、慈善家

本书读到这儿，你应该知道，直觉不仅可以快速告诉你某个问题的答案，它更是一种思维方式，教你如何看待人生，陪你走过人生必然的转折，迎接挑战。直觉派有其独特的思维模式，本章为你揭晓他们采用的8种态度，每一种都配有案例。

1. 目标明确

直觉就像人体内的导航仪，如果你明确知道目的地在哪儿，你的导航仪便可以顺利将你带到那儿。

特蕾西是某女装品牌的首席产品官，她说：

我经常努力明确自己想要的结果，它可以是某个无形的东西，比如在与员工谈话时，我希望双方都能对这次交谈有比较积极的评价。

有时这个结果可能是看得见摸得着的，比如我希望小组会议在上午召开，我希望为新的女裤系列找到3个较好的裤型。每次开会前我会明确会议目的，并鼓励大家尝试这种方法。

明确目标后，大家便可以毫无束缚地交流创意，专注于我们想要获得的结果，也不会被没用的事情分心，没有抱怨，不绕弯路，会议效果也比较好。

2. 仔细倾听他人

无论是跟同事强调工作要点还是与客户沟通产品需求，直觉派有自己不同的倾听态度。

莎伦是一名自由公关专家，她说：

我的工作经常需要我快速反应，比如客户遇到危机，需要我提供专业的公关经验来应对。另外，为初创企业创造正面的媒体效应也是我的日常工作。直觉倾听帮助我洞察客户需求，让我知道自己的工作重心。

我努力以开放的态度去倾听，不会评价对方的措辞或经历。我也会换位思考，如果我遇到了这个情况，我需要什么，我希望达到什么结果？我还会关注对方的情绪，他们在谈到哪些方面时眉飞色舞，又在谈到哪些时灰心丧气。也许我这么说有些复杂，但总结下来就是在谈话时，我会一直带着一个问题：对方需要什么，我该如何提供帮助？我的直觉非常敏感，它很快便能给我正确的答案。

3. 耐心

直觉也不能让事情瞬间发生！杰瑞是一名成功的营销人员，

有20年的从业经验，他说：

以前我是那种典型的A型性格，为了拓展客户我不知走坏了多少双鞋，只要是能认识人的会议我都参加。这样一来，我就算再有激情也很快便被耗尽了。

我入行第10年，也就是我40岁的时候，有一次心脏病发作。虽然那次不算严重，但却为我敲响了警钟，我需要注意生活质量。于是，我开始学着慢下来，学着从容面对工作。每天我都会问自己："今天你要完成的目标是什么？""最好的办法是什么？"我也会闭上眼睛，感受每天的工作重心和工作方向。

我随身携带纸笔，用来记录我的所有想法和灵感。有意思的是，自从我开始这样做，生活和工作对我来说更加轻松了。我不想让客户听到我说这话，但我真的感觉自己遇到了贵人，它教会我其实有时我并不需要那么拼命，我只要耐心等待，该来的总会来的。

4. 提出正确的问题

"我有什么问题？""为什么业绩毫无起色？""为什么招不到好员工？"如果你想得到直觉的回答，这些问题都不是好问题。

珍是一家快消化妆品公司的销售代表，主要负责药店、美妆店、百货公司等渠道。她说：

我喜欢销售这份工作，也很喜欢在化妆品行业做销售，这很有趣。3年前，我进入了现在这家公司，现在我的销售业绩是全公司最好的，老板对我期望很大。

但是也不知道什么原因，我并不觉得自己做得有多好，反而觉得非常不安。我很不自信，总是拿自己和别人进行比较，得出的结果是我觉得自己无法成功。在那段时间，我读了您的《绝妙直觉》，里面有一章谈到积极的自我谈话，我意识到自己应该转换中心，多想想之前自己成功的原因，而不是只关注自己做得不好的那些事。

我开始问自己："怎样做才能拿下这单生意？""我的优势是什么？""接近对方的最佳方式是什么？"当我开始倾听直觉的答案时，我的自信提升了，业绩当然也随之提升。这看起来很神奇，但侧重点的转换真的为我带来了很大的变化。你是想天天思考自己的缺点，还是想多花时间思考如何获得成功呢?

5. 专属的灵感工具

直觉派会寻求并使用激励工具。

几乎所有参与过我调研和采访的直觉派都提到过他们经常看的一些书，有时是网上的一句启发性语录，有时是一本书里的短篇文章。

冥想和引导性意象也是他们经常使用的灵感工具。

珍是一名瑜伽老师，她也有自己的一套方法：

我会通过冥想或阅读启发性读物让自己保持冷静和专注。每天早上我都会选择一个自己想要体现的品质，今天我选择的是"同情心"。昨天早上我读了一篇关于"中心意识"的文章。我会以当天的主题为出发点去解读那天发生的所有事，我觉得这么做能让我获得很多灵感。我相信这种方式能让我获得更多的商业创意，帮我更好地与客户沟通，也能让我碰到更多的巧合。

6. 人生重大转折的应对策略

直觉派明白，人人都会经历人生转折，比如离婚、生病或者生意失败。我们要做的不是抵抗逃避，而是思考如何去重塑自己。

哈利将之前的自己形容为“蛮干的傻瓜”，他不愿意过多谈及自己过去的职业生涯，因为：

我把任何人、任何事都列为自己的竞争对手，也正因为如此，树敌很多。

几年前，我离婚了，几乎同时我被诊断患有重病，当时我真的完全被击垮了。多亏当时有几个朋友一直陪伴我，我才走过了那段最悲惨的生活。那几个月，我甚至起不来床。在那段时间里，我想了很多。

我知道自己不能再走之前的老路了。我决定进行为期一周的静修，那时我学会了冥想。我开始健康饮食，见了一名咨询师。我跟着琳学了不少直觉方面的课程。那段时间，我重塑了自我。我不得不相信，这次危机的发生也许就是为了让我改变，当然这对我并不容易。我觉得自己已经脱胎成另一个人了，现在的我更随和、更有耐心。我还参加了一个老兵志愿者组织，它让我找到了崭新的人生目标。

7. 在梦中寻找答案

虽然目前人们对“充足”的睡眠并无确切定义，但很多研究显示睡眠充足对人的创造力和灵感非常重要。

伊莱恩在一家科技公司工作，她告诉我自己总是过度关注工作：

我是一个完美主义者，这让我很难在白天找到直觉的答案。我感觉自己的大脑里好像安了一个“传感器”，这个“传感器”随时评判我的工作表现，它还特别喜欢逻辑分析。所以对我来说，获得直觉最好的时间，要么就是午休的时候，要么就是早上起床的时候。

在我还没有完全清醒时，我会问自己：“睡觉的时候有没有收到什么信息？”我会把做过的梦或者任何我能想起来的片段或者词语记下来。我大概有70%的几率可以获得很棒的灵感并运用到我正在运行的项目上。

8. 遵循内心诉求的启发

很多人说他们在经历人生重大转折时经常觉得人生失去了意义，而直觉就是找回这个意义的关键。

安做护士已经20多年了，她说：

以前我在门诊做外科护士，虽然工作压力很大，但我很喜欢自己的工作。后来我发现自己得了重症，世界从此天翻地覆。有一年的时间，因为我需要接受治疗，工作的时间比较少。结果等到我可以全天工作时，我发现自己做不了了，因为我的心已经不在那儿了。

这对我来说是个很大的挑战，毕竟我一直都在做护士，在照顾别人。有几个月，我特别郁闷。后来，我见过的一个咨询师建议我把这个情况看作是一个机会，也许能从中发现某些新的、积极的东西，他的话改变了我对这个挑战的看法。

我开始意识到，很多人都曾经历过改变人生轨迹的事，他们也会感到迷茫。我一想到自己可以帮助患者度过这一转型期，就感到兴奋。我认为这是直觉给我的线索，于是便报名参加了一个护士培训认证项目。完成学业后，我决定创立自己的培训公司。现在我在家办公，为全国各地的女性提供帮助。我帮助她们相信直觉，找到自己“内心”的诉求，陪她们走过诊疗后的低潮期。我热爱自己现在的工作。如果不是自己经历过人生的黑暗期，如果不是自己得重症的经历，我也不可能找到它。

直觉训练小贴士

看完这章后，你对这8种方法中的哪一种最有共鸣？你会如何将它运用到自己的生活中？

直觉训练技巧12：检查清单

直觉是人类最重要的能力之一，值得我们开发……无论是从个人发展角度还是从世界发展角度，直觉都不可或缺。

杰克迪希·帕瑞克（Jagdish Parikh），世界企业学会（World Business Academy）联合创始人

如果你要做一个重大决策，可以通过下面这12条来快速判断直觉的看法。

1．明确理想目标。这个目标可以很笼统，比如“激励营销团队”；也可以很具体，比如“我想和史密斯公司合作”。

2．如果有时间，多看看与项目有关的信息。

3．对现有方案进行逻辑分析，然后把结果交给直觉，让它帮你做出最好的选择。

4．问自己一个问题，比如“关于……我应该怎么做？”“我怎样才能……？”找一个可以让直觉提供更多信息的问题，比如“关于……我需要了解……？”

5．休息。离开办公桌，去办公室外面待一会儿，不要少于5分钟。

6. 通过深呼吸或者冥想的方式让头脑冷静下来。清除头脑中的杂念，倾听直觉的答案。

7. 做一个假设性选择。这个选择感觉对吗？这个选择有没有给你力量？你能看到这个行动方案的成功实施吗？如果答案全部是肯定的，那说明这个选择没问题；如果有否定的答案，请重新做选择。

8. 闭上眼睛，去寻找某个画面或象征符号，看里面是不是藏着答案。

9. 拿出笔记本或电脑，来一场一个人的头脑风暴，尽可能找到所有可能的选择并记录下来。10分钟后，将清单浏览一遍，感觉哪一个最对？

10. 没有如果。不要沉迷于猜测某个决定所带来的后果，这只会让直觉为你提供的愿景变得黯淡。

11. 哪些信息是你能确定的？在你提问时，你的脑袋里冒出了哪些想法？

12. 抓住你知道的信息，一步步大胆地向前走。记住，每走一步都要询问直觉的看法。

如果你问我的预测是什么？只要你学会相信直觉，你就一定能走向职业生涯的成功！

Put Your

Intuition

第26章　我本该相信直觉

to Work

How to Supercharge Your
Inner Wisdom to Think
Fast and Make Great Decisions

> 我们必须聆听直觉，只有这样才能在危机进一步发展之前将其扭转。你必须知道直觉冲动是一种什么感觉，并将其发展为你成功路上的合伙人。直觉绝不会将你引入歧途。
>
> **罗伯特·塔克尔**（Robert Tucker），
> 作家，创新专家

糟糕的合作者

我的客户珍妮特在上课时跟我讲过她错过直觉的故事。当时她刚开始做互联网营销工作，并且取得了一些成绩。她非常兴奋，讲了好多细节，但整个过程还是比较曲折的：

我在一次社交活动上认识了一位女士，当时我正缺她那样的人才。她是一位网页设计师，而且有一个很专业的社交媒体团队，她希望能参与到我的项目中来。她还提到要把自己的客户介绍给我。她性格特别好，销售能力很强，而且非常有说服力。我提到的所有问题，她都说“可以解决”。我觉得她能帮我尽快做大事业，所以也特别愿意和她合作。

回想起来，我觉得自己当时太心急了，直觉其实给了我警示线索，但我忽略了。后来事情发展很快，也暴露出很多问题，比如工作拖延、能力欠佳、账单出错、沟通不利等，我却还帮她找理由。现在想想，那时每次跟她谈话，我的胃都不舒服。她还一直试图让我相信我是错的。最糟糕的是，我居然真的相信她，还一直劝自己耐心去经营这段刚刚开始的商业合作关系。

我们合作5个月后，我接到了一个客户的电话。这个客户是伴随我起家的老客户，也是我非常信任的一个老同事。结果他一开始就说："你的事业都要毁在那个女人手上了。"他跟我讲了很多细节，我才知道她一直在背着我挖客户，还刻意压低我这边的服务费。

听完后我心烦意乱，我自己又做了些调查，发现老客户说的都属实。于是我又发展了一些骨干，请了律师，并立即与她中断了合作。后来，我又一一修补了与之前客户的关系。这件事让我备受损失，钱和名誉是一方面，我个人也经受了很大的压力。

现在看，我当时会与这个女人合作，一是自身信心不足，二是过于急功近利，三是当时工作太忙。这三条归结起来导致我没有相信直觉。

我俩第一次聊天时，我的内心一直在说："没错！没错！"但是其他迹象却在说："方向不对！"通过这件事，我变得更强大、更有智慧了，并且开始坚定地相信直觉。虽然这次经历让我损失很多，但我从中汲取的教训却让我终身受益。

所有人都曾忽略过直觉，那时你就会说："当初我应该相信直觉的，明明知道__________不对劲，但我还是那么做了。"也许你的故事没有珍妮特这么曲折，但那些教训足以引起你的重视，因为它们让你明白，只有相信直觉，事情才会顺利发展。我们都回想一下自己的人生历程，看还有哪些也是需要我们借鉴的。

承认吧，你也这么做过

你有没有相信过不该相信的人？当时有什么迹象吗？你后来是怎么知道的？

你有没有过听信别人的建议而选择忽略自己的内在智慧？

你有没有收到过直觉给你的强烈警示？你是否没把它当回事儿？

你有没有哪次"就是知道"某些信息，但最后却选择了逻辑推理得出的错误道路？

你有没有说过："我就知道会是这样！"你知道什么，你又是怎么知道的？

你有没有招到过不合适的人？你是不是明明觉得这个人有问题，但一看推荐信没有问题就把他招进来了？你希望做哪些改变？

你有没有感觉自己的个人生活或事业偏离了正轨？你是怎么知道的？如果可以，你希望做哪些改变？

你知道老板/公司/合作伙伴的决策方向有误，当时你是怎么说的？如果可以，你希望做哪些改变？

分析调研都显示这样做才能成功，但你却感觉那样做才是正确的。你希望自己如何应对？

你接受了不应该接受的工作邀约。你是怎么知道自己不合适的？后来发生了什么？

你胃里有一种奇怪的感觉，好像是不太好的征兆，你觉得自己应该“远离”某个人或某件事。当你违背这种感觉选择相信逻辑时，发生了什么？

不听信直觉有没有给你的个人生活、事业、财务或者身体健康带来不好的影响？

相信直觉、留心直觉给你的信息都需要勇气。和其他技能一样，直觉也需要不断实践，这样才能越来越准。它就像一个可靠的雷达，帮你规避风险，在你成功的路上为你保驾护航。

留心早期预警

下面是曼尼的一则故事，可以说他靠直觉救了自己的命。

我是行业内的一名咨询师，经常受邀参加国际会议并做主题演讲，所以我经常出差。几年前，我有幸受一个会议邀请前去致辞。我一直很想参加这个会议，特别是还要演讲。要知道，只有有一定专业成绩的人才会受邀演讲，所以我特别心切。

我忽略的第一条直觉线索是我一直没有去安排这次行程。后来我意识到，一旦自己开始拖延，这里面就肯定有问题，决不能忽视！但我决定不管那些问题，便订了酒店和机票。

随着开会时间的逼近，我开始感到一种难以名状的不安。当时，我一直在出差演讲，根本没有时间坐下来体会这种奇怪的感觉，更没时间去思考这其中的意义。这是我错过的第二条线索！

出发那天，我到了票务处才发现自己弄错了出发时间。不过我还是赶在最后登机广播时登上了飞机，又是一次，这太不寻常了！之前从来没出现过这种情况，我开始担心了。这是我错过的第三条线索！

最后，我终于抵达目的地。为了倒时差，我提前一天到了，演讲被安排在第二天早晨，所以我决定到处走走。那天我很累，却睡得并不安稳。我一直梦见自己遇到危险。这一点最终点醒了我，因为我唯一一次梦到奇怪的东西是在我爸爸遭遇车祸去世前。还好我没有错过梦境这条线索，我确定了自己的不安感，开始注意周遭的环境。

演讲进行得很顺利，我很高兴，也稍微松了口气。但奇怪的是，我还是感到不安。几个客户听了我的演讲后想和我一起开个午餐会，一开始我很想去，但后来我感觉自己特别想离开酒店。于是我便提议大家去附近的一家餐厅，前一天散步时我觉得那里很好。虽然大家对我突然改变地点感到很奇怪，但也都表示同意。

那次午餐会，我签了一笔很大的订单。在我的坚持下，大家吃完饭后又在那儿喝了一会儿咖啡，其实这都是因为我自己不想回去开会。最后，当我们打车回到酒店时，看到好多警察和救护车，至今我还记得那闪烁的警灯和持续的警笛。

后来我们才知道，会场外发生了枪击。当时，所有的参会人员还被锁在酒店内，担心自己的生命安全。虽然最后并没有与会者受伤，但那几个小时的恐惧不安怕是会成为他们一生难以抹去的阴影。

我特别感谢直觉，是它帮我规避了危险。我也希望能得到直接的信息："会有枪击，这段时间不要待在酒店。"但直觉信息向来不是这样的，这让我深刻明白，即便直觉无法提供很详细的信息，我们也可以通过留心它的早期预警来规避危险。

曼尼跟很多人分享了这个故事，他想让大家注意到直觉的“早期预警线索”。现在他每天都会空出几分钟的时间，关上门，关掉手机和电脑，让周围安静下来。然后他开始问“直觉现在想告诉我什么？”他会仔细倾听，并践行自己收到的答案，因为他明白倾听直觉也许真能给自己带来很多意想不到的益处。

直觉训练小贴士

回想过去，你有没有因为没有听信直觉而导致失误？记住这些失误，它们可以时刻提醒你，只有注意直觉，事情才能顺利进行。

直觉训练技巧13：准确地倾听直觉

有时依赖直觉，结果反而更好，我想每个人都有过类似的经历，我们就是觉得这么做是对的。有趣的是，越是重要的人生决定，越想要做出正确的选择，直觉越是不可或缺的。

蒂姆·库克，苹果公司首席执行官

你知道肠道中有神经递质吗？神经递质是大脑中的一种化学物质，它可以向我们的大脑和全身传递信息，也可以在神经细胞——神经元中传递信号。大脑运用神经递质调控心脏的跳动、肺的呼吸和胃的消化。它们也能帮你鉴别好决定和坏决定。

想做到这一点，首先想一个需要做的决定，或者为了这个练习，先设想一个决定，比如你的决定是“我想雇用微新商业公司的公关咨询师。”

然后大声说出你的决定：“我想雇用微新商业公司的公关咨询师。”

注意肠道有没有什么感觉，并问自己感觉这个决定怎么样？

你有没有觉得肠道收缩、发紧或者恶心？

还是觉得很舒服、轻松？

你还需要注意自己在做这个决定时的精神变化。好决定会让你觉得动力十足、心胸畅快，而坏决定通常会让你感到浑身无力、憋闷或者疲惫。

如果你还是无法鉴别自己的感受呢?

回想之前自己遇到的负面情况，比如丢掉工作，或者想起一个你讨厌的人也可以。想想那个时刻或那个人，你的胃有什么感觉？心跳有加速吗？有没有觉得紧张或不舒服？这就是你的身体在告诉你要远离这个人或这个情景。

接下来，选一个令你感到高兴的画面或你爱的人，比如配偶、孩子、宠物或者一个爱好。想到这些的时候，你的身体传递出什么信息？一般人会感到心胸开阔或很有活力。这样的感受就代表你做出了正确的选择。

很多人会低估身体和情绪反应的作用，所以请大家务必要注意！多去探索，它们掌握着内在智慧的重要线索！

Put Your

Intuition

第27章　何时不能相信直觉

to Work

How to Supercharge Your
Inner Wisdom to Think
Fast and Make Great Decisions

直觉从未令我失望，我只会对不听信直觉的自己失望。

哈兹拉特·伊纳亚特·可汗（Hazrat Inayat Khan），
苏菲派神秘主义者

乔意识到自己的事业在走下坡路。他经营的公司是一家有着几十年历史的家族企业，主要生产家用医疗健康器械。现在市场竞争日益升温，后来者靠新技术、高效率和便捷服务占有了不小的市场。乔召集销售部、营销部和财务部的主管提出应对办法。周日早晨，他坐在办公室，一边喝咖啡，一边读报告。

在看到销售部和财务部的提议时，乔感到很困惑。销售部建议扩招员工，财务部却强烈提议裁员。营销部则建议让地方媒体加大对乔本人和公司的宣传，读到这里让乔高兴了不少。

乔承认自己稍微有点儿自负，上电视、上报纸这样的提议确实满足了他的虚荣心。他说："让我来告诉竞争对手，谁才是真正的赢家！"他感到很兴奋，并确定直觉也同意这个提议。他成立了公关小组，小组为他接洽了不少当地知名媒体，但很快问题就出现了。乔在接受采访时并没有大力宣传企业及其在当地市场的价值定位，而是选择攻击对手。

直觉经验1：明确自己的目的

乔得到了那么多提案，如果他能边读边问自己“我们怎样做才能实现企业的发展？”他肯定能得到很多想法。

查理也曾遇到过和乔类似的问题。在外人看来，查理的公司取得过不少成绩，但是公司一连几个月一直处于亏损状态。查理感觉一定是那个他不喜欢的销售员在从中作祟。出于对直觉的信任，查理开除了那个销售员，但问题并没有解决。于是查理继续在公司寻找那些不按章程办事的员工和那些不尊重自己的员工。因为查理错误的直觉，接连又有好几名员工被开除。最后，财务部主管为他找到了问题的症状所在，原来是有人挪用公款，而这个人竟是查理最喜欢的办公室经理。这位经理设立了一个秘密账户，每个月都往里面转钱。

直觉经验2：不要让直觉成为唯一的衡量标准

查理经常不经思考就冲动地做决定。一旦他认为某人不符合他的标准，他“不经大脑”地就会起疑心。感觉就是他对直觉的定义。只要感觉不对，那就是错的。毋庸置疑，这件事给他好好上了一课，他不仅失去了重要的人才，还因为自己的感觉被小人蒙蔽。记住，逻辑调查是直觉的好帮手。

苏珊是一家技术公司的首席执行官。当时有个客户想让苏珊的公司为其量身定制一个软件，为此苏珊召集各部门负责人开会，想听听他们的看法。当苏珊听到营销小组的提议时，她的第一反应就是“我们之前试过，并不管用”。

苏珊认为，无论是逻辑分析还是自身感觉，拒绝客户都是最谨慎的做法。几年前，也有一个类似规模的公司提出过定制的想法，但那个公司花费了大量人力物力，却并没有带来销售额的增长。苏珊和现在这家公司关系很好，她自信对方不会因为这次拒绝就毁掉多年的关系。结果，她错了，客户投奔了竞争对手。

直觉经验3：不要把过去作为未来的参考

成功的直觉决策需要以正确的模式识别为基础。“之前X发生过，结果为Y。”苏珊就是基于这个模式得出了上面的结论。但是，我们在将现有情况套入之前的模板时，要注意两种情况的复杂性是否完全一致，另外还需注意这段时间外部条件是否发生了变化。那么苏珊应该怎么做呢？首先她应该进行调研，看看现在的市场较之前是否发生了变化。以过去的市场状况决定现在的项目显然不合适。

马丁也是我的客户。有一天他非常兴奋地给我打电话，说发现了新商机。这些年他一直在做领导力培训导师，而且做得很成功，他希望自己能遇到更多机会，赚更多钱。他说的商机来自一家主营维生素、补品和营养奶昔的保健品公司。这家公司采用的是多层级营销模式，马丁就是受邀加盟的高级代理。他试过产品，觉得确实不错，所以动了心。

这家公司的创始人是个非常有魅力的男士，他与想要争得代理权的人进行了数次视频会议。初始投资是5000美元，包括产品、会费和管理费。马丁觉得这个投资额很合理，而且这家公司也承诺他最快一个月就可以收回成本。

马丁听后积极性更高了，为了和创始人见面，他投了更多的钱。那次见面，创始人大谈生意经，马丁还见到了很多雄心勃勃的商界新手。他还发现，那些赚钱的人大多都是创始人的朋友，公司刚起步时，他们便有投资，后来靠不断发展下线挣了不少钱。但马丁赚大钱的美梦很快就破灭了，因为他发现向自己的朋友和客户推销产品很难，要想成功，他不仅需要拥有一定的特质，还需要去认识那些有钱又重视健康的人。最后他不仅损失了数千美元，也丢掉了对直觉的信任。

直觉经验4：如果你对某个决定过于兴奋，先不要着急去做

回想起来，马丁意识到自己之所以会投资，很大程度上是出于对创始人的崇拜。他当时过于兴奋，根本没有慎重考虑，也没有重视妻子和朋友的劝阻。这一事件让他受益良多，还好他并没有因此被打倒，他依然认为自己的人生不会只有咨询和培训。现在那些产品依旧带给他不少好处，当然，我说的可不是卖产品所得的利润！

人们为什么会做出错误决定

懒惰

所有的好决定都是逻辑分析、事实、前期调研、潜意识信息、意识信息以及直觉的综合产物。懒惰的人才会倚在老板椅上，张口闭口“直觉告诉我________”，然后便什么都不管了，这样不做出错误决定才怪。

急功近利

需要你做出决定的时间慢慢逼近，但你的脑袋里却还有很多

事要考虑。你并不擅长多线作战，但你已经没有时间搜集背景资料，必须马上做出决定。忽然一个念头闪过，你以为那是你的直觉，那你就自求多福吧！

不计后果

研究显示，如果你能慢下来，仔细思考所有可能性，你就能做出好的决定。不仅如此，这样一来你还能提前预知可能发生的问题。不计后果只会为你带来错误决定。

惯性思维

你很自信，过去你做过很多很棒的决定，你以为眼前的这个抉择和之前那些并没有什么区别。错，区别可以有很多。可能你所在的行业就在短时间内发生了翻天覆地的变化，可能以前经常为你和你的错误决定打掩护的那个人走了，可能你的数据和假设过时了。总之，基于陈旧信息得出的直觉并不一定准确。

封闭自我

很多人都自以为是地认为只有自己的想法和世界观才是最好的，即便不是最好的，那也比大多数人的好。但现在，多样性已经成为当今世界经济的一大特点，人们的文化背景、信仰和人生观都不一样，他们可不一定会认同你和你的信仰。这就要求你必须走出自己的小圈子，去找不同的人聊天，在各种工作和社交场合，融入不同的文化，多去参加观点多元的会议和活动。这些不仅可以刺激你的直觉，还能提高你的创造力和想象力，这样的你可以期待更多的机会。

不与重要领导沟通

也许你已经通过直觉做出了很棒的决定，但你还需要让周围的人理解你这个决定。在这里重申一遍，大多数决定都不仅仅是直觉的产物。所以，在向团队解释这些决定和后果时，你还需要列出切实可行的行动计划。最糟糕的莫过于公司的关键领导是个凭兴致决策的人，这只会挫败团队的工作士气。

直觉与逻辑失衡

这本书中提到的很多人都是直觉派。直觉让他们能像变魔术一样想出好创意，帮他们快速了解对方，并摸清当前和未来的形势，而这一切如果用调查研究的方法可能要花费很长时间。但几乎所有人都表示他们会一直跟进，不断验证他们收到的信息是否准确，以此来支持自己的直觉。每次他们有想法，都会叫来专家分析验证。个体从业者或小企业主没有专家，他们则会先做些样品，让客户试用。所以，你看起来是魔术的直觉，其实也有逻辑的翅膀。

没有信得过的谏言团

无论你是做事业上还是人生其他方面上的决定，你都需要一些信得过的伙伴，这些人最好能“懂”你，知道你人生的目标。这样，他们便不会一听到你“愚蠢”的观点就立刻否决；也不会不等你解释就随意评判你的观点，说“你没有经验”或直接说“你这个想法就是错误的”。他们可以是你工作中的伙伴，也可以不是；他们也许来自某个社交小组或策划小组；他们也许是一心为你幸福和成功着想的朋友和家人。你可以把他们当成你的“直觉后援会”，放心地把自己的想法和直觉告诉他们，这些人比金子还要珍贵。

允许自己在混乱与闹剧中沉沦

毋庸置疑，商界总是变化莫测，喧哗躁动。虽然这是事实，但没有人会在自己或公司一片混乱时还能做出最佳决定。如果你也遇到了这样的混乱，请你暂时后退，这绝不是可以用直觉做决策的好时机。我说“后退”不是让你休假一周或是怎样，而是希望你能空出一段时间去望望窗外，发发呆，做做深呼吸或者冥想。无论你用什么方法，只要你能逃离喧嚣就可以，然后倾听内心那个微弱、沉稳的声音。保持冷静，保持倾听，重视那个声音，按照你接收到的智慧行动。

直觉训练小贴士

对自己诚实。把“人们为什么会做出错误决定”这一部分重新读一遍。哪一个是你在决策过程中经常触及的雷区？当你下次随口就说“我的直觉告诉我________”时，你要注意自己是不是又碰到了雷区。